EASY
ICHIBAN
いちばん
일본어

저자 박나리, 김선혜, 김선리, 田立いずみ
감수 김조웅

초급 1

요즘 학습자들은 콩글리시를 구사하기 싫어하듯이 코패니즈(바르지 못한 일본어) 또한 구사하기 싫어한다. 모두가 세련되고 정확한 일본어를 구사하고 싶어한다.

단기간의 일본여행에서도 다른 사람의 도움 없이 본인 스스로 일본사람들과 부딪치며 여행을 즐기고 싶어하며, 자막 없이 일본 드라마를 보고 싶어하는 요즘 학습자들은 모험을 즐길 줄 아는 참으로 대담하고 똑똑한 학습자들이다.

하지만, 지금까지 출간된 책들은 아무리 똑똑한 학습자들이더라도 2개월을 넘기지 못하게 만든 책들이 대부분이었다. 2개월까지 배우고 나면 그 이후의 내용이 갑자기 어려워지거나 혼란스러워져서 학습의욕을 잃어버리게 했기 때문이다.

그래서 이 책은 2개월을 넘어 기초 단계가 끝나는 4개월 째까지 자연스럽고 재미있게 학습할 수 있도록 난이도를 조절하였으며 다양한 콘텐츠를 이용해서 구성하였다. 특히 이 책의 특징 중의 하나는 형용사 보다 동사가 먼저 나온다는 점이다. 일본어를 처음 공부하는 학습자들에게 동사활용이 형용사보다 먼저 나오는 것이 어려울 수도 있지만 많은 양의 동사가 아니더라도 동사를 이용하여 일본어 회화 연습을 함으로써 학습자들의 흥미를 유발할 수 있기 때문이다.

학습자뿐 아니라 가르치는 교사로서도 실제로 수업에서 가르치는 순서대로 책의 내용을 구성하였기 때문에 쓸데없는 시간을 줄여 효율적이고 능률적으로 구성하였다.

어떤 내용을 어떤 순서로 가르치고 학습하느냐에 따라서 학습자들의 실력이 좌우되기 때문이다.

이 책을 통해 학습자와 교사 모두가 쉽고 재미있게 학습하여 중급코스까지 이어나가길 간절히 바란다.

저자 일동

본 교재의 구성과 특징

1 핵심 포인트

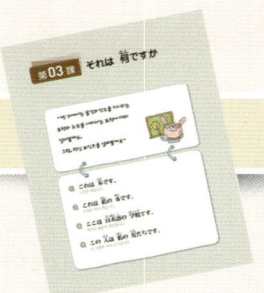

각 과에서 무엇을 배우고 익혀야 하는지 미리 제시하여 이해할 수 있게 하였습니다.

2 체크 포인트

핵심 포인트에서 알아 본 문형을 자세한 설명과 다양한 예문을 통해 쉽게 익힐 수 있도록 하였습니다.

3 문형연습

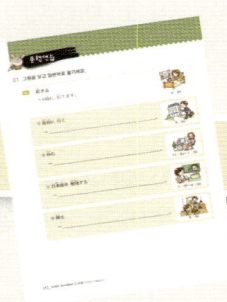

체크 포인트에서 학습한 문법을 다양한 문제를 통해 확인할 수 있게 하였습니다. 문제의 난이도는 3단계로 나누어 구성하여 쉬운 문제부터 풀면서 일본어에 자신감이 붙을 수 있도록 하였습니다.

4 회화 체크

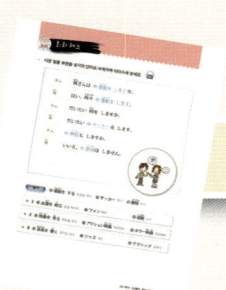

체크 포인트에서 학습한 문형을 이용해서 대화문을 만들어 보는 연습을 할 수 있게 하였습니다. 학습자들은 이 연습을 통해 앞에서 배운 문형이 대화에서 어떻게 응용되는지 익힐 수 있게 됩니다.

5 회화 본문

학생과 회사원, 남자와 여자 등의 등장인물을 통해 회화문의 내용을 보다 실생활에 밀접한 내용들로 다양하게 구성하였으며, 회화 본문을 다시 한번 천천히 들으며 따라 읽도록 하는 훈련을 통해 자신감 향상과 더불어 실전에 응용할 수 있도록 하였습니다.

6 듣기 연습

각종 시험에서도 듣기 평가가 강조되고 있는 추세에 맞추어 각 과에 듣기 평가 문제를 수록하였습니다. 문제의 구성은 들으면서 즉시 응답할 수 있는 문제와 전체 내용을 파악한 후 O, X로 답해 보는 문제, 들으면서 문장을 적어 보는 연습 등 다양하게 구성하여 듣기와 쓰기 연습을 함께 할 수 있게 하였습니다.

7 단어 총정리

각 파트에서 나온 단어를 한 페이지에 정리하여 학습자들이 한 눈에 보며 암기하면서 듣고 말할 수 있도록 만들었습니다.

8 가타카나와 한자 체크

간판과 광고, 잡지 등 일상생활에서 흔히 볼 수 있는 가타카나와 한자를 통해 자연스럽게 학습할 수 있도록 하였으며 쓰기란을 두어 가타카나와 한자를 바르게 쓸 수 있는 연습을 할 수 있게 하였습니다.

＊독해 및 그림 연습 코너를 통해 다양한 방식으로 지금까지 학습한 내용을 이용해서 말해 보는 연습을 할 수 있도록 하였습니다.

목차

第01課 일본어 문자와 발음

일본어의 가장 기초가 되는 히라가나, 가타카나의 청음과 그 이외의 일본어 문자의 발음법을 익히고 쓰는 연습을 해 볼게요. 그럼, 오늘의 핵심 포인트를 살펴볼까요~

1 청음은 탁점이나 반탁점이 없는 맑은 음을 말합니다.

2 탁음은 글자의 오른쪽 위에 탁점(ﾞ)이 붙은 것으로, 탁음은 「か」「さ」「た」「は」행에만 붙일 수 있습니다.

3 반탁음은 글자의 오른쪽 위에 반탁점(ﾟ)이 붙은 것입니다. 반탁점은 「は」행에만 붙일 수 있습니다.

4 「き·ぎ·し·じ·ち·に·ひ·び·ぴ·み·り」뒤에 반모음인 「や·ゆ·よ」를 작게 써서 한 음으로 발음되는 것을 요음이라고 합니다.

5 촉음은 「つ」를 작게 표시하며, 한국어의 받침 역할을 하는 음입니다.

6 일본어에는 고저 악센트가 있으며, 억양에는 ①평탄 ②상승 ③하강 3가지 형이 있습니다.

○ 일본어 시작은 히라가나부터!!!

일본어를 익히려면 50음도표부터 외워야 해요. 50음도표이긴 하지만 실제 사용되지 않는 것을
빼면 46개랍니다. 가로로 '아이우에오'…, 세로로 '아카사타나하마야라와응'… 하고 큰 소리로
읽어가며 외우세요.

`1-1`

히라가나 50음도표

행＼단	あ		い		う		え		お	
あ	あ	a 아	い	i 이	う	u 우	え	e 에	お	o 오
か	か	ka 카	き	ki 키	く	ku 쿠	け	ke 케	こ	ko 코
さ	さ	sa 사	し	shi 시	す	su 스	せ	se 세	そ	so 소
た	た	ta 타	ち	chi 치	つ	tsu 츠	て	te 테	と	to 토
な	な	na 나	に	ni 니	ぬ	nu 누	ね	ne 네	の	no 노
は	は	ha 하	ひ	hi 히	ふ	hu 후	へ	he 헤	ほ	ho 호
ま	ま	ma 마	み	mi 미	む	mu 무	め	me 메	も	mo 모
や	や	ya 야			ゆ	yu 유			よ	yo 요
ら	ら	ra 라	り	ri 리	る	ru 루	れ	re 레	ろ	ro 로
わ	わ	wa 와							を	o 오
	ん	n 응								

○ 외래어는 가타카나로!!!

일본인들은 외래어를 많이 씁니다. 그 외래어를 표기하는 글자가 바로 가타카나! 가타카나만 읽을 줄 알아도 일본 잡지며 거리 간판의 반 이상은 이해할 수 있답니다. 또, 의성어 · 의태어와 강조하고 싶은 말에도 가타카나를 쓰니 히라가나와 함께 꼭 외워 뒤야 합니다.

가타카나 50음도표					
행＼단	ア	イ	ウ	エ	オ
ア	ア a 아	イ i 이	ウ u 우	エ e 에	オ o 오
カ	カ ka 카	キ ki 키	ク ku 쿠	ケ ke 케	コ ko 코
サ	サ sa 사	シ shi 시	ス su 스	セ se 세	ソ so 소
タ	タ ta 타	チ chi 치	ツ tsu 츠	テ te 테	ト to 토
ナ	ナ na 나	ニ ni 니	ヌ nu 누	ネ ne 네	ノ no 노
ハ	ハ ha 하	ヒ hi 히	フ hu 후	ヘ he 헤	ホ ho 호
マ	マ ma 마	ミ mi 미	ム mu 무	メ me 메	モ mo 모
ヤ	ヤ ya 야		ユ yu 유		ヨ yo 요
ラ	ラ ra 라	リ ri 리	ル ru 루	レ re 레	ロ ro 로
ワ	ワ wa 와				ヲ o 오
ン	ン n 응				

일본어 문자와 발음 - 청음

'청음'은 맑은 소리라는 뜻입니다. 탁점이나 반탁점이 없는 글자를 말하는데요,
앞의 50음도에 있는 글자 그대로 읽히는 글자입니다. 하나씩 하나씩 자세히 익혀보세요.

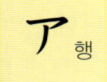

일본어의 기본 모음이며, 한국어의 '아 · 이 · 우 · 에 · 오' 발음과 비슷합니다. 단
「う」발음에 주의하세요. '우'와 '으'의 중간 발음으로 입술에 힘을 빼고 '으'에 가
깝게 소리냅니다.

あ [a 아]	い [i 이]	う [u 우]	え [e 에]	お [o 오]

あい	いす	うた	え	おう
[아이]	[이스]	[우따]	[에]	[오-]
사랑	의자	노래	그림	왕

ア [a 아]	イ [i 이]	ウ [u 우]	エ [e 에]	オ [o 오]

アイスクリーム	イギリス	ウイスキー	エレベーター	オムレツ
[아이스크리-무]	[이기리스]	[우이스끼-]	[에레베-따-]	[오무레쯔]
아이스크림	영국	위스키	엘리베이터	오믈렛

か_행 カ_행

한국어의 'ㄱ'과 'ㅋ'의 중간 발음이지만, 단어의 첫 글자로 나올 때는 'ㅋ'에 가깝게, 단어 중간이나 끝에 올 때는 'ㄲ'로 읽는 것이 일본어 발음에 가깝습니다.

か [ka 카]	き [ki 키]	く [ku 쿠]	け [ke 케]	こ [ko 코]
かばん	き	くも	けいたい	こえ
[카방]	[키]	[쿠모]	[케-타이]	[코에]
가방	나무	구름	휴대전화	목소리

カ [ka 카]	キ [ki 키]	ク [ku 쿠]	ケ [ke 케]	コ [ko 코]
カーテン	キー	クッキー	ケーキ	コート
[카-텡]	[키-]	[쿡끼-]	[케-키]	[코-토]
커튼	열쇠	쿠키	케이크	코트

さ행　サ행

한국어의 '사 · 시 · 스 · 세 · 소' 발음과 비슷합니다. 단, 「す」 발음에 주의하세요.
'스'와 '수'의 중간 발음으로 입모양을 튀어나오게 하지 말고 소리내보세요.

1-5

さ [sa 사]	し [shi 시]	す [su 스]	せ [se 세]	そ [so 소]
あさ	しお	すし	せんせい	そら
[아사]	[시오]	[스시]	[센세ー]	[소라]
아침	소금	초밥	선생님	하늘

サ [sa 사]	シ [shi 시]	ス [su 스]	セ [se 세]	ソ [so 소]
サッカー	シャツ	スイッチ	セーター	ソーセージ
[삭카ー]	[샤츠]	[스잇치]	[세ー타ー]	[소ー세ー지]
축구	셔츠	스위치	스웨터	소시지

'타・티・투・테・토'가 아닙니다. 헷갈리지 마세요. 「ち」와 「つ」는 우리말의 '치'・'츠'에 가깝고요, 「た・て・と」는 단어 첫글자에서는 'ㅌ'에 가깝고, 단어 중간이나 끝에 있으면 'ㄸ'에 가깝게 발음합니다.

1-6

た [ta 타]	ち [chi 치]	つ [tsu 츠]	て [te 테]	と [to 토]
たこ	ちち	くつ	て	とけい
[타꼬]	[치찌]	[쿠쯔]	[테]	[토께-]
문어	아버지	구두	손	시계

タ [ta 타]	チ [chi 치]	ツ [tsu 츠]	テ [te 테]	ト [to 토]
タクシー	チキン	ツアー	テレビ	トマト
[타쿠시-]	[치킹]	[츠아-]	[테레비]	[토마또]
택시	치킨	투어	텔레비전	토마토

  한국어의 '나·니·누·네·노' 발음과 비슷합니다. 단, 「ぬ」발음에 주의하세요. '누'와 '느'의 중간 발음으로 입모양을 튀어나오게 하지 말고 '누'라고 소리냅니다.

  한국어의 '하·히·후·헤·호' 발음과 비슷합니다. 「ひ」는 입술을 옆으로 당겨 발음하고, 「ふ」를 발음할 때는 입술을 너무 둥글리지 말고 약간 평평한 상태에서 소리내야 합니다.

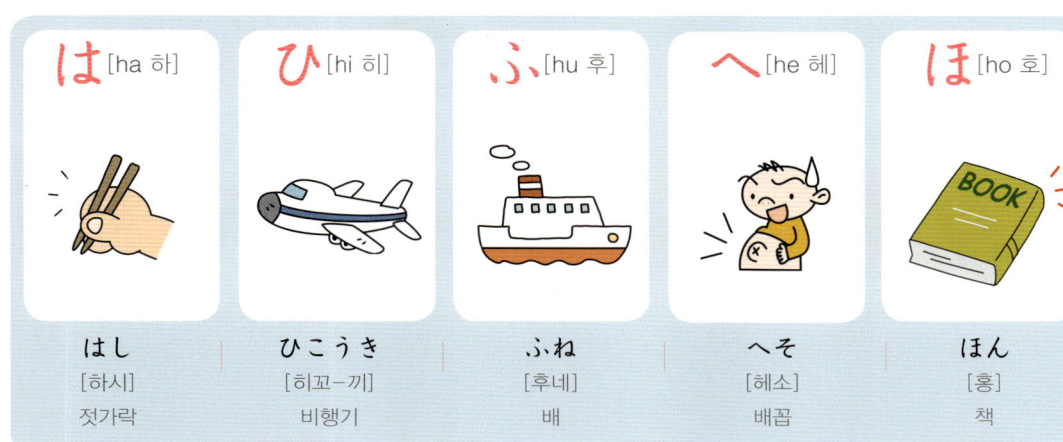

한국어의 '마·미·무·메·모' 발음과 비슷합니다. 「む」는 한국어의 '무'라고 발음하기 보다는 '무'와 '므'의 중간발음이라고 생각하면서 소리내도록 해보세요.

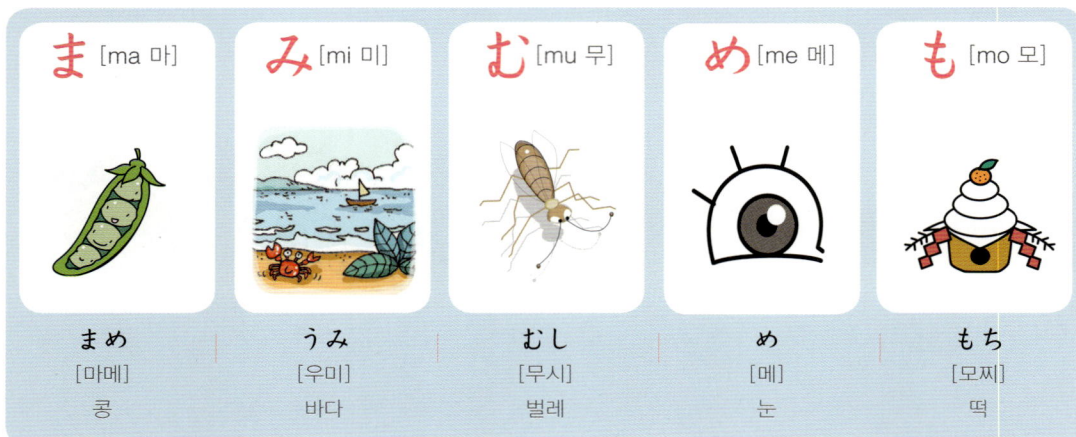

ま [ma 마]	み [mi 미]	む [mu 무]	め [me 메]	も [mo 모]
まめ	うみ	むし	め	もち
[마메]	[우미]	[무시]	[메]	[모찌]
콩	바다	벌레	눈	떡

マ [ma 마]	ミ [mi 미]	ム [mu 무]	メ [me 메]	モ [mo 모]
マスク	ミルク	ハム	メロン	モデル
[마스크]	[미루꾸]	[하무]	[메롱]	[모데루]
마스크	우유	햄	멜론	모델

한국어의 '야·유·요' 발음과 비슷합니다. 카타카나의 「ユ」는 「コ」와 헷갈리기 쉬우니까 주의해서 외우세요.

や [ya 야]

やま
[야마]
산

ゆ [yu 유]

ゆき
[유끼]
눈

よ [yo 요]

よる
[요루]
밤

ヤ [ya 야]

イヤホン
[이야홍]
이어폰

ユ [yu 유]

ユニホーム
[유니호-무]
유니폼

ヨ [yo 요]

ヨット
[욧또]
요트

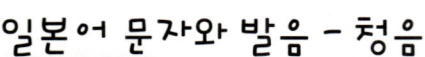

ら행 ラ행

한국어의 '라·리·루·레·로' 발음과 비슷합니다. 「る」와 「ろ」는 헷갈리기 쉬우니까 정확히 익히세요. 일본어 동사에는 「る」로 끝나는 단어들이 많답니다.

 1-11

ら [ra 라]	り [ri 리]	る [ru 루]	れ [re 레]	ろ [ro 로]

とら	りんご	さる	れいぞうこ	くろ
[토라]	[링고]	[사루]	[레-조-꼬]	[쿠로]
호랑이	사과	원숭이	냉장고	검정

ラ [ra 라]	リ [ri 리]	ル [ru 루]	レ [re 레]	ロ [ro 로]

ラーメン	リボン	ビル	レモン	ロボット
[라-멩]	[리봉]	[비루]	[레몽]	[로봇또]
라면	리본	건물	레몬	로봇

わ행 ワ행

발음은 한국어의 '와·오'와 비슷합니다. 「を」는 조사로만 쓰이며, 「あ」행의 「お」와 발음이 같습니다. 가타카나의 「ヲ」는 거의 쓰이는 일이 없고, 발음이 같은 「オ」가 주로 쓰입니다.

1-12

わ [wa 와]

かわ
[카와]
강

を [o 오]

ほんを よむ
[홍오 요무]
책을 읽다

ワ [wa 와]

ワイン
[와잉]
와인

ヲ [o 오]

ん ン

「ん」은 다른 글자 뒤에서 받침과 같은 역할을 하는데, 콧소리가 납니다. 우리말의 받침과 달라서 반드시 한 박자를 주어 발음해 주어야 합니다. 뒤에 오는 음에 따라 한국어 'ㅁ, ㄴ, ㅇ'에 가깝게 발음됩니다.

ん [n 응]

にほん
[니홍]
일본

ン [n 응]

パン
[팡]
빵

일본어 문자와 발음 – 탁음

'탁음'은 글자의 오른쪽 위에 탁점(゛)이 붙은 것입니다.
탁음은 「か」「さ」「た」「は」 행에서만 나타납니다.

한국어의 '가·기·구·게·고', 영어의 「g」발음과 비슷합니다.

1-13

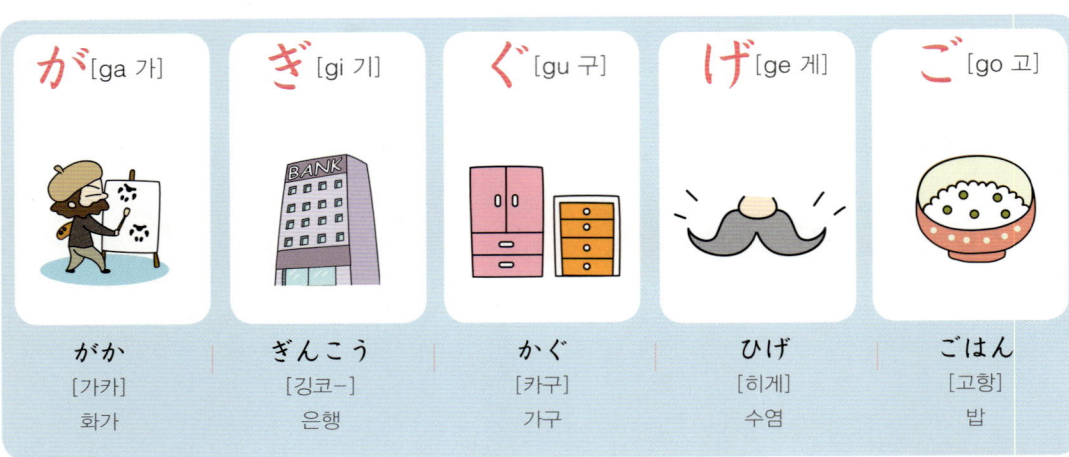

が [ga 가]	ぎ [gi 기]	ぐ [gu 구]	げ [ge 게]	ご [go 고]
がか	ぎんこう	かぐ	ひげ	ごはん
[가카]	[깅코-]	[카구]	[히게]	[고항]
화가	은행	가구	수염	밥

ガ [ga 가]	ギ [gi 기]	グ [gu 구]	ゲ [ge 게]	ゴ [go 고]
ガム	ギフト	グラス	ゲーム	ゴルフ
[가무]	[기후또]	[구라스]	[게-무]	[고루후]
껌	선물	잔	게임	골프

 영어의 「z」 발음으로 한국인들에게는 조금 어려운 발음입니다. 「ず」는 영어로
는 발음을 「zu」로 표기하지만,

1-14

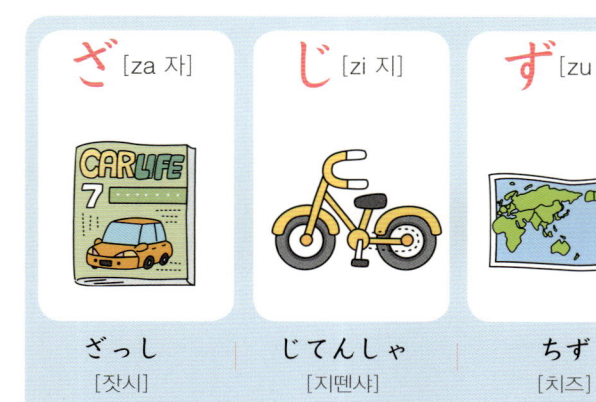

ざ [za 자]	じ [zi 지]	ず [zu 즈]	ぜ [ze 제]	ぞ [zo 조]
ざっし	じてんしゃ	ちず	かぜ	ぞう
[잣시]	[지뗀샤]	[치즈]	[카제]	[조-]
잡지	자전거	지도	감기	코끼리

ザ [za 자]	ジ [zi 지]	ズ [zu 즈]	ゼ [ze 제]	ゾ [zo 조]
ピザ	ジャズ	ズボン	ゼロ	ゾーン
[피자]	[쟈즈]	[즈봉]	[제로]	[조-ㄴ]
피자	재즈	바지	제로, 영	존, 지역

「だ・で・ど」는 영어의 「d」발음이며, 「ぢ・づ」는 「じ・ず」와 발음이 같습니다. 가타카나 「ヂ・ヅ」는 거의 쓰이는 일이 없고, 그 대신에 발음이 같은 「ジ・ズ」가 주로 쓰입니다.

だ[da 다]	ぢ[zi 지]	づ[zu 즈]	で[de 데]	ど[do 도]

だいこん	はなぢ	こづつみ	でんしゃ	まど
[다이꽁]	[하나지]	[코즈쯔미]	[덴샤]	[마도]
무	코피	소포	전철	창문

ダ[da 다]	ヂ[zi 지]	ヅ[zu 즈]	デ[de 데]	ド[do 도]

ダンス			デザート	ドーナツ
[단스]			[데자-또]	[도-나쯔]
댄스			디저트	도넛

ば행 バ행

한국어의 '바 · 비 · 부 · 베 · 보'와 비슷한 발음이지만, 영어의 「b」와 같이 목의 성대를 울려서 내는 발음입니다.

1-16

ば [ba 바]	び [bi 비]	ぶ [bu 부]	べ [be 베]	ぼ [bo 보]
ばら	へび	ぶた	おべんとう	ぼうし
[바라]	[헤비]	[부따]	[오벤또-]	[보-시]
장미	뱀	돼지	도시락	모자

バ [ba 바]	ビ [bi 비]	ブ [bu 부]	ベ [be 베]	ボ [bo 보]
バナナ	ビール	ブーツ	ベルト	ボール
[바나나]	[비-루]	[부-쯔]	[베루또]	[보-루]
바나나	맥주	부츠	벨트	공

'반탁음'은 글자의 오른쪽 위에 반탁점(°)이 붙은 것입니다. 반탁음은 「は」행에서만 나타납니다.

行 行 영어의 「**p**」발음과 비슷합니다. 한국어의 '파·피·푸·페·포'와 '빠·삐·뿌·뻬·뽀'의 중간음 정도입니다.

1-17

ぱ [pa 파]	ぴ [pi 피]	ぷ [pu 푸]	ぺ [pe 페]	ぽ [po 포]

かんぱい	えんぴつ	せんぷうき	ぺこぺこ	たんぽぽ
[캄파이]	[엠삐츠]	[셈뿌–끼]	[페꼬뻬꼬]	[탐뽀뽀]
건배	연필	선풍기	코르륵 코르륵	민들레

パ [pa 파]	ピ [pi 피]	プ [pu 푸]	ペ [pe 페]	ポ [po 포]

パフェ	ピアノ	プリン	ペンキ	ポスト
[파훼]	[피아노]	[푸링]	[펭끼]	[포스또]
파르페	피아노	푸딩	페인트	우체통

일본어 문자와 발음 - 요음

「き・ぎ・し・じ・ち・に・ひ・び・ぴ・み・り」 뒤에 반모음인 「や・ゆ・よ」를 작게 써서
한 글자처럼 한 박자로 발음되는 것을 요음이라고 합니다.

きゃ kya 캬	きゅ kyu 큐	きょ kyo 쿄	キャ kya 캬	キュ kyu 큐	キョ kyo 쿄
ぎゃ gya 갸	ぎゅ gyu 규	ぎょ gyo 교	ギャ gya 갸	ギュ gyu 규	ギョ gyo 교
しゃ sha 샤	しゅ shu 슈	しょ sho 쇼	シャ sha 샤	シュ shu 슈	ショ sho 쇼
じゃ ja 쟈	じゅ ju 쥬	じょ jo 죠	ジャ ja 쟈	ジュ ju 쥬	ジョ jo 죠
ちゃ cha 챠	ちゅ chu 츄	ちょ cho 쵸	チャ cha 챠	チュ chu 츄	チョ cho 쵸
にゃ nya 냐	にゅ nyu 뉴	にょ nyo 뇨	ニャ nya 냐	ニュ nyu 뉴	ニョ nyo 뇨
ひゃ hya 햐	ひゅ hyu 휴	ひょ hyo 효	ヒャ hya 햐	ヒュ hyu 휴	ヒョ hyo 효
びゃ bya 뱌	びゅ byu 뷰	びょ byo 뵤	ビャ bya 뱌	ビュ byu 뷰	ビョ byo 뵤
ぴゃ pya 퍄	ぴゅ pyu 퓨	ぴょ pyo 표	ピャ pya 퍄	ピュ pyu 퓨	ピョ pyo 표
みゃ mya 먀	みゅ myu 뮤	みょ myo 묘	ミャ mya 먀	ミュ myu 뮤	ミョ myo 묘
りゃ rya 랴	りゅ ryu 류	りょ ryo 료	リャ rya 랴	リュ ryu 류	リョ ryo 료

촉음은 「つ」를 작게 표시하여, 한국어의 받침 역할을 하는 글자입니다.
장음은 가운데 있는 두 음절이나 세 음절을 한 음절처럼 길게 발음하는 것을 말합니다.

● 촉음 「っ」는 발음이 중요합니다.

촉음 「っ」는 「か·さ·た·ぱ」행 앞에 쓰입니다. 중요한 것은 앞서 배운 요음과 달라서 반드시 한 박자를 주어 발음한다는 점입니다. 촉음의 발음을 정리하면 다음과 같습니다.

1 'ㄱ'받침이 되는 경우

◉ 촉음 「っ」가 「か」행 「か·き·く·け·こ」 앞에 올 때

- いっかい[이ㄱ까이] 일 층
- いっき[이ㄱ끼] 한숨
- がっこう[가ㄱ꼬-] 학교
- ミュージック[뮤-지ㄱ꾸] 음악

2 'ㅂ'받침이 되는 경우

◉ 촉음 「っ」가 「ぱ」행 「ぱ·ぴ·ぷ·ぺ·ぽ」 앞에 올 때

- いっぱい[이ㅂ빠이] 가득
- いっぴき[이ㅂ삐키] 한 마리
- ケチャップ[케챠ㅂ뿌] 케찹
- しっぽ[시ㅂ뽀] 꼬리

3 'ㅅ'받침이 되는 경우

◉ 촉음 「っ」가 「さ」행 「さ·し·す·せ·そ」, 「た」행 「た·ち·つ·て·と」 앞에 올 때

- ざっし[자ㅅ시] 잡지
- けっせき[케ㅅ세끼] 결석
- おっと[오ㅅ또] 남편
- スイッチ[스이ㅅ찌] 스위치

● 장음은 특정한 글자를 길게 끌어 발음합니다.

◉ あ단+あ
- おかあさん[오까-상] 어머니
- おばあさん[오바-상] 할머니

◉ い단+い
- おにいさん[오니-상] 오빠, 형
- おじいさん[오지-상] 할아버지

◉ う단+う
- すうがく[스-가꾸] 수학
- ふうせん[후-셍] 풍선

◉ え단+え·い
- せんせい[센세-] 선생님
- えいが[에-가] 영화

◉ お단+お·う
- こおり[코-리] 얼음
- おとうさん[오또-상] 아버지

◉ 가타카나의 장음 「ー」를 길게 발음
- ビール[비-루] 맥주

일본어에는 고저 악센트가 있으며, 억양에는 ①평탄 ②상승 ③하강 3가지 형이 있습니다.
악센트와 억양에 유의하여 단어를 외우면 자연스러운 일본어를 구사할 수 있습니다.

● 일본어에는 고저 **악센트**가 있습니다.

일본어에는 고저 악센트가 있습니다. 즉 하나의 단어 속에 높이 발음되는 박과 낮게 발음되는 박이 있다는 말이죠. 높은 박에서 낮은 박으로 내려가는지 아닌지에 따라 악센트의 형은 크게 2가지로 나뉘며, 내려가는 형은 어느 박에서 내려가는지에 따라 다시 3가지로 나뉘어집니다.
표준 악센트에서는 제1박과 2박은 반드시 음의 높이가 다르며, 일단 내려가면 다시 올라가지 않는다는 특징이 있습니다.

[악센트의 모양]

1) 내려가는 곳이 없다. 【　　　】　　**예** にわ(마당)　なまえ(이름)　にほんご(일본어)

2) 어두에서 내려간다. 【　　　】　　**예** ほん(책)　てんき(날씨)　らいげつ(다음달)

3) 어중에서 내려간다. 【　　　】　　**예** たまご(달걀)　ひこうき(비행기)　せんせい(선생님)

4) 어미에서 내려간다. 【　　　】　　**예** くつ(구두)　やすみ(휴일)　おとうと(남동생)

● 일본어 억양(イントネーション)에는 3가지 종류가 있습니다.

억양에는 ①평탄 ②상승 ③하강의 3가지 형이 있습니다. 질문은 상승하고, 그 밖의 문장은 평탄하게 말하는 경우가 많으나, 동의나 실망 등의 감정을 나타낼 때에는 하강하는 경우가 있습니다.

예 佐藤(さとう)　：あした　友達(ともだち)と　お花見(はなみ)を　します。【→평탄】
(내일 친구와 꽃구경을 갑니다.)

ミラーさんも　いっしょに　行(い)きませんか。【↗상승】
(밀러 씨도 같이 가지 않겠습니까?)

ミラー　：ああ、いいですねえ。【↘하강】
(아아, 좋지요.)

あ | あ | あ | | |
あか | あか

い | い | い | | |
いちご | いちご

う | う | う | | |
うさぎ | うさぎ

え | え | え | | |
えいが | えいが

お | お | お | | |
おちゃ | おちゃ

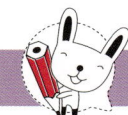

가타카나 연습장

ア

ピアノ

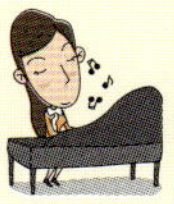

ア ア

ピアノ

イ

スイッチ

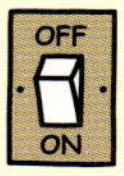

イ イ

スイッチ

ウ

ウイスキー

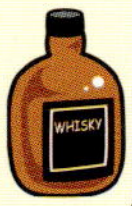

ウ ウ

ウイスキー

エ

エレベーター

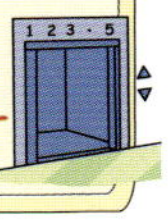

エ エ

エレベーター

オ

オレンジ

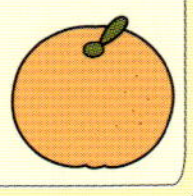

オ オ

オレンジ

か	か			
かさ				

き	き			
き				

く	く			
くるま				

け	け			
けいたい				

こ	こ			
がっこう				

カ	カ	カ			

カレンダー

カ	レ	ン	ダ	ー	

キ	キ	キ			

チキン

チ	キ	ン		

ク	ク	ク			

ファックス

フ	ァ	ッ	ク	ス	

ケ	ケ	ケ			

ケーキ

ケ	ー	キ		

コ	コ	コ			

コート

コ	ー	ト		

さ	さ			

さとう

し	し			

しま

す	す			

いす

せ	せ			

せんせい

そ	そ			

そふ

サ	サ	サ			

サッカー

シ	シ	シ			

シーディー

ス	ス	ス			

ジュース

セ	セ	セ			

セロテープ

ソ	ソ	ソ			

パソコン

た	た			
たこ				

たこ

ち	ち			
ちょう				

ちょう

つ	つ			
つき				

つき

て	て			
て				

て

と	と			
とけい				

とけい

タ	タ	タ			

タクシー		

チ	チ	チ			

パンチ		

ツ	ツ	ツ			

シャツ		

テ	テ	テ			

テスト		

ト	ト	ト			

デート		

な	な			

なまえ

なまえ

に	に			

こぜに

こぜに

ぬ	ぬ			

いぬ

いぬ

ね	ね			

ねこ

ねこ

の	の			

のむ

のむ

| ナ | ナ | ナ | | | |

バナナ

| 二 | ニ | ニ | | | |

テニス

| ヌ | ヌ | ヌ | | | |

カヌー

| ネ | ネ | ネ | | | |

ネクタイ

| ノ | ノ | ノ | | | |

ノート

は	は			

ごはん

ごはん

ひ	ひ			

ひざ

ひざ

ふ	ふ			

ふね

ふね

へ	へ			

へや

へや

ほ	ほ			

ほん

ほん

ハ	ハ	ハ			

ハート

ハート

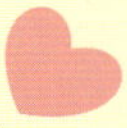

ヒ	ヒ	ヒ			

コーヒー

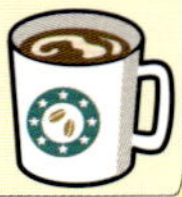

コーヒー

フ	フ	フ			

ゴルフ

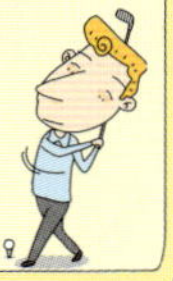

ゴルフ

ヘ	ヘ	ヘ			

ヘルメット

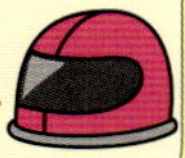

ヘルメット

ホ	ホ	ホ			

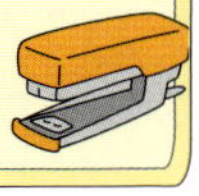

ホッチキス

ホッチキス

ま
くま

| ま | ま | | | |

くま

み
はさみ

| み | み | | | |

はさみ

む
むし

| む | む | | | |

むし

め
め

| め | め | | | |

め

も
こども

| も | も | | | |

こども

マ	マ	マ			

マスク

マスク

ミ	ミ	ミ			

ミルク

ミルク

ム	ム	ム			

ガム

ガム

メ	メ	メ			

カメラ

カメラ

モ	モ	モ			

レモン

レモン

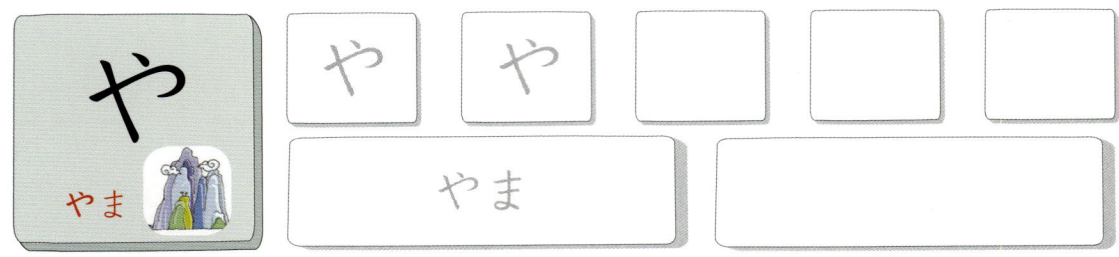

や や

やま

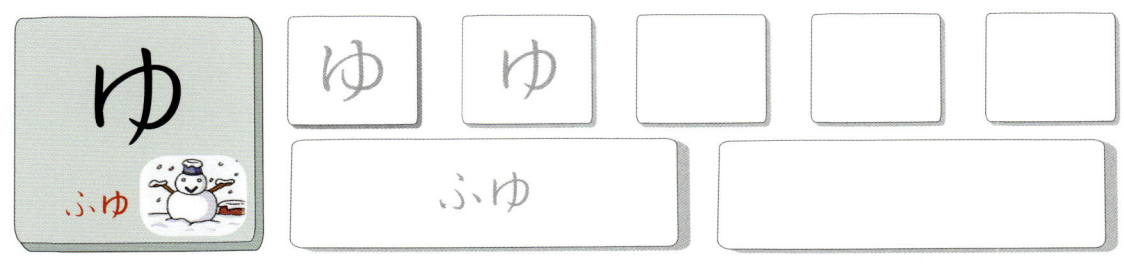

ゆ ゆ

ふゆ

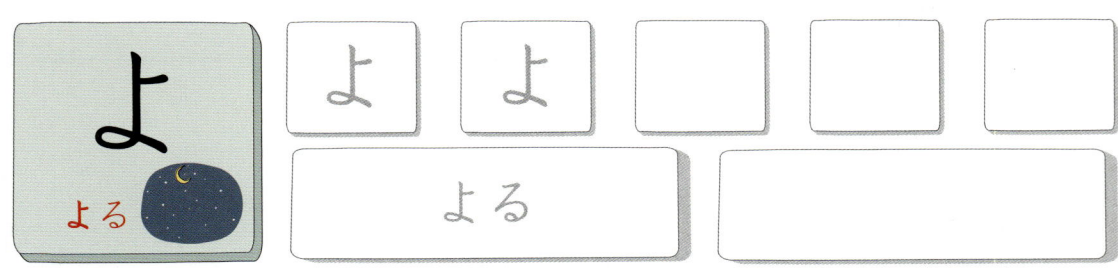

よ よ

よる

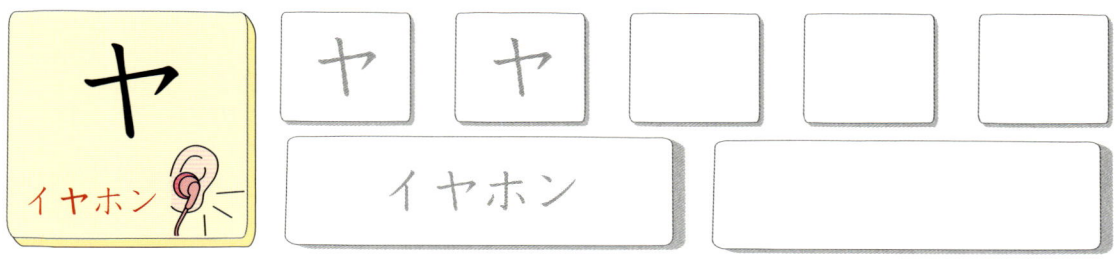

ヤ　ヤ

イヤホン

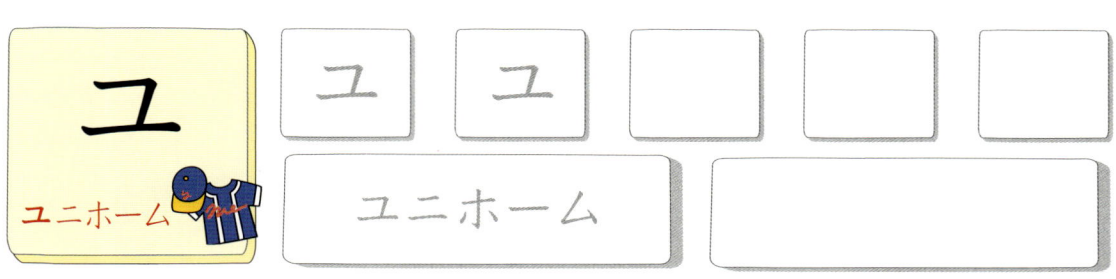

ユ　ユ

ユニホーム

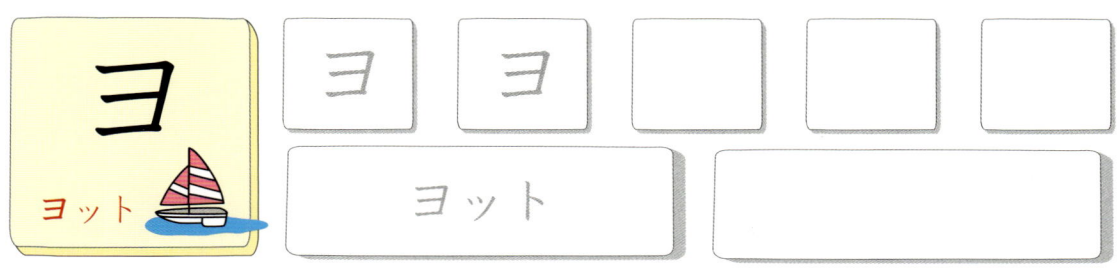

ヨ　ヨ

ヨット

ら | ら | ら | | |
らくがき | らくがき | |

り | り | り | | |
りょうり | りょうり | |

る | る | る | | |
さる | さる | |

れ | れ | れ | | |
れいぞうこ | れいぞうこ | |

ろ | ろ | ろ | | |
くろ | くろ | |

| ラ | ラ | ラ | | | |

ライオン

| ライオン | |

| リ | リ | リ | | | |

リズム

| リズム | |

| ル | ル | ル | | | |

ビール

| ビール | |

| レ | レ | レ | | | |

テレビ

| テレビ | |

| ロ | ロ | ロ | | | |

ロボット

| ロボット | |

わ わ わ

でんわ

でんわ

を を を

えをかく

えをかく

ん ん ん

しんぶん

しんぶん

ワ

ワイン

| ワ | ワ | | | |

| ワイン | | |

ヲ

| ヲ | ヲ | | | |
| ヲ | ヲ | | | |

ン

ダンス

| ン | ン | | | |

| ダンス | | |

第02課 はじめまして

이번 과에서는 일본인과 처음 만났을 때
어떻게 인사하는지와 일본어 명사문은 어떻
게 만드는지 알아볼게요.
그럼, 오늘의 핵심 포인트를 살펴볼까요~

1 はじめまして。
처음 뵙겠습니다.

2 私は 学生です。
저는 학생입니다.

3 私は 学生じゃありません。
저는 학생이 아닙니다.

4 私は 学生ですが、林さんは 学生じゃありません。
저는 학생입니다만, 하야시 씨는 학생이 아닙니다.

01

〜は 〜です

~은/는 ~입니다

 명사는 단어 뒤에 「です」를 붙여서 공손한 말을 만든답니다.

▷ キムさんは 学生_{がくせい}です。

▷ 彼_{かれ}は 歌手_{かしゅ}です。

▷ 私_{わたし}は 韓国人_{かんこくじん}です。

〜さん ~씨　学生_{がくせい} 학생　彼_{かれ} 그　歌手_{かしゅ} 가수　私_{わたし} 나, 저　韓国人_{かんこくじん} 한국인

02

〜じゃありません

~이/가 아닙니다

○ 부정을 하고 싶을 때는 단어 뒤에 「じゃありません」을 붙인답니다.

▷ 私_{わたし}は 木村_{きむら}じゃありません。

▷ イさんは 医者_{いしゃ}じゃありません。

▷ 中山_{なかやま}さんは 大学生_{だいがくせい}じゃありません。

医者_{いしゃ} 의사　大学生_{だいがくせい} 대학생

03

A ～ですか	～입니까?
B₁ はい、～です	네, ～입니다
B₂ いいえ、～じゃありません	아니요, ～이/가 아닙니다

▷ キムさんは　会社員^{かいしゃいん}ですか。

▷ A　林^{はやし}さんは　先生^{せんせい}ですか。

B₁ はい、私^{わたし}は　先生^{せんせい}です。

B₂ いいえ、私^{わたし}は　先生^{せんせい}じゃありません。

会社員^{かいしゃいん} 회사원　　先生^{せんせい} 선생님

04

[정중형]＋が　　　　　　　　　　　～지만/인데

○「が」는 주격조사 '～이/가'의 의미로도 사용하지만, 정중한 표현(～です, ～ます)에 접속하여
　서로 대비되는 문장을 연결할 때도 사용한답니다.

▷ 彼女^{かのじょ}は　学生^{がくせい}ですが、彼^{かれ}は　学生^{がくせい}じゃありません。

▷ 林^{はやし}さんは　先生^{せんせい}ですが、田中^{たなか}さんは　会社員^{かいしゃいん}です。

彼女^{かのじょ} 그녀

♣인칭대명사

1인칭	私(わたし、わたくし) 나, 저 / ぼく 나, 저
2인칭	あなた 너, 당신 / きみ 너, 자네
3인칭	彼(かれ) 그 / 彼女(かのじょ) 그녀
부정칭	誰(だれ) 누구 / どなた 어느 분

01 다음 예와 같이 문장을 만들어 보세요.

예 キム / 会社員（かいしゃいん）

→ 私（わたし）は **キム** です。**会社員（かいしゃいん）** です。

---

① 林（はやし）/ 大学院生（だいがくいんせい）

→ _____ 。

② パク / フリーター

→ _____ 。

---

③ イ / 日本語（にほんご）の 先生（せんせい）

→ _____ 。

---

④ 木村（きむら）/ 医者（いしゃ）

→ _____ 。

大学院生（だいがくいんせい）대학원생　　フリーター 프리터　　日本語（にほんご）일본어

02 다음 예와 같이 문장을 만들어 보세요.

> 예
>
> 木村 / 会社員
>
> A 木村さんは 会社員ですか。
>
> B₁ はい、会社員です。
>
> B₂ いいえ、会社員じゃありません。

① 鈴木 / 日本人

A _____は _____ですか。

B はい、_____です。

② 彼女 / 先生

A _____は 学生ですか。

B いいえ、学生じゃありません。_____です。

③ 彼 / 部長

A _____は _____ですか。

B はい、_____です。

④ めぐちゃん / 中学生

A _____は _____ですか。

B いいえ、_____じゃありません。高校生です。

部長 부장님　　ちゃん 「さん」대신 어린아이나 가까운 사람을 친근감있게 부르는 명칭　　中学生 중학생　　高校生 고등학생

03 다음 예와 같이 문장을 만들어 보세요.

예

イさんは 学生^{がくせい}です。林^{はやし}さんは 会社員^{かいしゃいん}です。
→ イさんは 学生^{がくせい}ですが、林^{はやし}さんは 会社員^{かいしゃいん}です。

イ 林^{はやし}

① キムさんは 先生^{せんせい}です。パクさんは フリーターです。

→ _____。

キム パク

② 鈴木^{すずき}さんは 歌手^{かしゅ}です。田中^{たなか}さんは 俳優^{はいゆう}です。

→ _____。

鈴木^{すずき} 田中^{たなか}

③ 木村^{きむら}さんは 主婦^{しゅふ}です。イさんは 会社員^{かいしゃいん}です。

→ _____。

木村^{きむら} イ

俳優^{はいゆう} 배우　主婦^{しゅふ} 주부

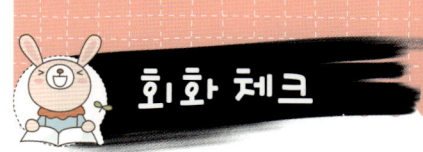

다음 밑줄 부분을 보기의 단어로 바꿔가며 이야기해 보세요. 1-23

キム	はじめまして。キムユリです。
	どうぞ よろしく お願^{ねが}いします。
林^{はやし}	はじめまして。林^{はやし}たくやです。
	こちらこそ どうぞ よろしく。
キム	林^{はやし}さんは ⓐ 会社員^{かいしゃいん}ですか。
林^{はやし}	ⓑ はい、私^{わたし}は 会社員^{かいしゃいん}です。

보기　　ⓐ 会社員^{かいしゃいん} 회사원　ⓑ はい 예

● 1 ⓐ 先生^{せんせい} 선생님　　ⓑ はい 예

● 2 ⓐ 歌手^{かしゅ} 가수　　ⓑ いいえ 아니요

● 3 ⓐ 大学生^{だいがくせい} 대학생　　ⓑ いいえ 아니요

박유리와 다나카가 처음 만나 인사를 나누고 있어요.

はじめまして

パク はじめまして。パクユリです。どうぞ よろしく
お願_{ねが}いします。

田中 はじめまして。田中_{たなか}ひろしです。こちらこそ
どうぞ よろしく お願_{ねが}いします。

パク 田中_{たなか}さんは 会社員_{かいしゃいん}ですか。

田中 いいえ、会社員_{かいしゃいん}じゃありません。私_{わたし}は 大学院生_{だいがくいんせい}
です。ユリさんは？

パク 私_{わたし}は 会社員_{かいしゃいん}です。

はじめまして。

はじめまして。

はじめまして 처음 뵙겠습니다　です ~입니다　どうぞ 아무쪼록
よろしく お願_{ねが}いします 잘 부탁드립니다　こちらこそ 저야말로　~さん ~씨
会社員_{かいしゃいん} 회사원　いいえ 아니요　じゃありません ~이/가 아닙니다
私_{わたし} 나, 저　~は ~은/는　大学院生_{だいがくいんせい} 대학원생

01 다음 문장을 듣고 사람과 직업을 맞게 연결해 보세요.

　　a 中_{なかむら}村　　　b 星_{ほし}　　　c 鈴_{すずき}木　　　d 森_{もり}
　　　•　　　　　　•　　　　　　•　　　　　　•

　　•　　　　　•　　　　　•　　　　　•
① 　② 　③ 　④

02 박유리와 나카무라의 대화를 듣고 맞는 문장에는 ○, 틀린 문장에는 ×를 하세요.

① 中_{なかむら}村さんは 学_{がくせい}生です。　　　（　　　）

② 中_{なかむら}村さんは フリーターです。　（　　　）

③ ユリさんは 会_{かいしゃいん}社員です。　　（　　　）

단어 총정리

체크 포인트 1-27

- ☐ 学生 ^{がくせい} 학생
- ☐ 彼 ^{かれ} 그
- ☐ 歌手 ^{かしゅ} 가수
- ☐ 私 ^{わたし} 나, 저

- ☐ 韓国人 ^{かんこくじん} 한국인
- ☐ 医者 ^{いしゃ} 의사
- ☐ 大学生 ^{だいがくせい} 대학생
- ☐ ～さん ～씨

- ☐ 会社員 ^{かいしゃいん} 회사원
- ☐ 先生 ^{せんせい} 선생님
- ☐ 彼女 ^{かのじょ} 그녀

문형 연습 1-28

- ☐ 大学院生 ^{だいがくいんせい} 대학원생
- ☐ フリーター 프리터
- ☐ 日本語 ^{にほんご} 일본어
- ☐ 医者 ^{いしゃ} 의사
- ☐ 日本人 ^{にほんじん} 일본인

- ☐ 部長 ^{ぶちょう} 부장님
- ☐ 中学生 ^{ちゅうがくせい} 중학생
- ☐ 高校生 ^{こうこうせい} 고등학생
- ☐ 俳優 ^{はいゆう} 배우
- ☐ 主婦 ^{しゅふ} 주부

- ☐ ちゃん 「さん」 대신 어린아이나 가까운 사람을 친근감있게 부르는 명칭

회화 본문 1-29

- ☐ はじめまして 처음 뵙겠습니다
- ☐ です ～입니다
- ☐ どうぞ 아무쪼록

- ☐ よろしく お願いします ^{ねが} 잘 부탁드립니다
- ☐ 会社員 ^{かいしゃいん} 회사원
- ☐ ～は ～은/는

- ☐ はい 네
- ☐ いいえ 아니요
- ☐ じゃありません ～이/가 아닙니다

듣기 연습 1-30

- ☐ こちらこそ 저야말로

- ☐ そうですか 그렇습니까?

- ☐ ～も ～도

会
만날 회

음독 **かい**　훈독 **会**う 만나다
会社 회사　**会**社員 회사원

学
배울 학

음독 **がく**　훈독 **学**ぶ 배우다
学生 학생　**学**校 학교

生
날 생

음독 **せい**　훈독 **生**まれる 태어나다　**生** 날 것
先**生** 선생님　**生**ビール 생맥주

 カタカナ 체크

アメリカ 미국

アメリカ

イギリス 영국

イギリス

フリーター 프리터

フリーター

第03課　それは 何<ruby>何<rt>なん</rt></ruby>ですか

이번 과에서는 물건과 장소를 지시하는

표현과 소유를 나타내는 표현에 대해

알아볼게요。

그럼, 핵심 포인트를 살펴볼까요~

1 これは 本<rt>ほん</rt>です。
이것은 책입니다.

2 これは 私<rt>わたし</rt>の 本<rt>ほん</rt>です。
이것은 저의 책입니다.

3 ここは 日本語<rt>にほんご</rt>の 学校<rt>がっこう</rt>です。
여기는 일본어 학교입니다.

4 この 人<rt>ひと</rt>は 私<rt>わたし</rt>の 友<rt>とも</rt>だちです。
이 사람은 저의 친구입니다.

01 　これ / それ / あれ / どれ

사물을 나타내는 지시어(이것/그것/저것/어느 것)

▷ A これは 何^{なん}ですか。

　 B それは コンピュータです。

▷ A それは 何^{なん}ですか。

　 B これは 本^{ほん}です。

▷ A あれは 何^{なん}ですか。

　 B あれは 雑誌^{ざっし}です。

これ 이것　それ 그것　あれ 저것　どれ 어느 것　何^{なん} 무엇　コンピュータ 컴퓨터　本^{ほん} 책　雑誌^{ざっし} 잡지

02 　～の

～의 / ～의 것

▷ A それは 何^{なん}の 雑誌^{ざっし}ですか。
　 B これは 映画^{えいが}の 雑誌^{ざっし}です。

▷ A これは キムさんの たばこですか。

　 B いいえ、それは 私^{わたし}の じゃありません。

▷ A これは 誰^{だれ}の ですか。

　 B それは 友^{とも}だちの です。

～の ～의/～의 것　映画^{えいが} 영화　たばこ 담배　誰^{だれ} 누구　友^{とも}だち 친구

64_ **EASY ICHIBAN** 日本語 DIRECT BASIC-1

ここ / そこ / あそこ / どこ 장소를 나타내는 지시어(여기 / 거기 / 저기 / 어디)

▷ A あそこは どこですか。

B あそこは ヨイドです。

▷ A 家は どこですか。

B 家は カンナムです。

ここ 여기 そこ 거기 あそこ 저기 どこ 어디 家 집

この / その / あの / どの 뒤에 명사를 붙여서 사용하는 지시어(이 / 그 / 저 / 어느)

▷ A この 本は 誰の ですか。

B その 本は 中山さんの です。

▷ A あの 人は 誰ですか。

B あの 人は 私の 恋人です。

この 이 その 그 あの 저 どの 어느 恋人 애인

♣ 지시대명사

	こ 이	そ 그	あ 저	ど 어느
물건	これ 이것	それ 그것	あれ 저것	どれ 어느 것
장소	ここ 여기	そこ 거기	あそこ 저기	どこ 어디
지시어+[명사]	この 이~	その 그~	あの 저~	どの 어느~
방향	こちら 이쪽	そちら 그쪽	あちら 저쪽	どちら 어느 쪽

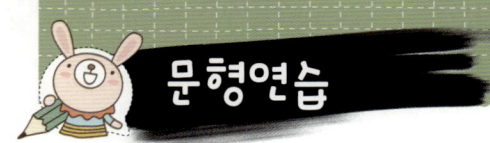
01 다음 예와 같이 문장을 만들어 보세요.

> 예 電子辞書（でんしじしょ）
>
> A これは 何（なん）ですか。
> B それは 電子辞書（でんしじしょ）です。

① 本（ほん）

A ＿＿＿＿＿＿＿＿＿＿＿＿＿＿＿＿＿＿＿＿。

B ＿＿＿＿＿＿＿＿＿＿＿＿＿＿＿＿＿＿＿＿。

② コンピュータ

A ＿＿＿＿＿＿＿＿＿＿＿＿＿＿＿＿＿＿＿＿。

B ＿＿＿＿＿＿＿＿＿＿＿＿＿＿＿＿＿＿＿＿。

③ 新聞（しんぶん）

A ＿＿＿＿＿＿＿＿＿＿＿＿＿＿＿＿＿＿＿＿。

B ＿＿＿＿＿＿＿＿＿＿＿＿＿＿＿＿＿＿＿＿。

④ ペン

A ＿＿＿＿＿＿＿＿＿＿＿＿＿＿＿＿＿＿＿＿。

B ＿＿＿＿＿＿＿＿＿＿＿＿＿＿＿＿＿＿＿＿。

電子辞書（でんしじしょ） 전자사전　新聞（しんぶん） 신문　ペン 펜

02 다음 예와 같이 문장을 만들어 보세요.

예 学校
がっこう

A あそこは どこですか 。
B あそこは 学校です。
　　　　　　　がっこう

① 本屋
ほん や

A _____ 。
B _____ 。

② デパート

A _____ 。
B _____ 。

③ 映画館
えい が かん

A _____ 。
B _____ 。

本屋 서점　　デパート 백화점　　映画館 영화관
ほん や　　　　　　　　　　　　　えい が かん

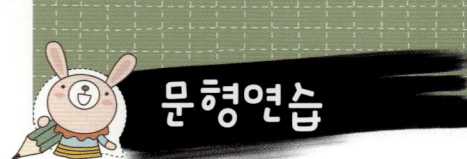
03 다음 예와 같이 문장을 만들어 보세요.

 A この かばんは キムさんの ですか。

B₁ はい、その かばんは キムさんの です。

B₂ いいえ、その かばんは キムさんの じゃありません。

① A この けいたいは 佐藤_{さとう}さんの ですか。

B いいえ、その けいたいは _____。

② A あの 車_{くるま}は あなたの ですか。

B いいえ、_____。

③ A その 傘_{かさ}は 田中_{たなか}さんの ですか。

B はい、_____。

かばん 가방　けいたい 휴대전화　車_{くるま} 자동차　あなた 당신　傘_{かさ} 우산

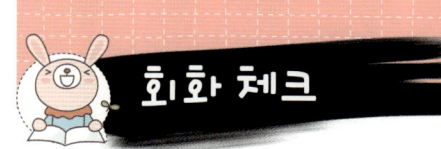
•• 다음 밑줄 부분을 보기의 단어로 바꿔가며 이야기해 보세요.

キム　　それは ⓐ 本ですか。

林　　　いいえ、これは ⓐ 本じゃありません。

　　　　ⓑ 辞書です。

キム　　その ⓑ 辞書は 誰の ですか。

林　　　この ⓑ 辞書は 友だちの です。

キム　　友だちは ⓒ 先生ですか。

林　　　ⓓ いいえ、先生じゃありません。

보기　　ⓐ 本 책　ⓑ 辞書 사전　ⓒ 先生 선생님　ⓓ いいえ 아니요

● 1　ⓐ 新聞 신문　　ⓑ 雑誌 잡지　　ⓒ 会社員 회사원　ⓓ いいえ 아니요

● 2　ⓐ 財布 지갑　　ⓑ 電子辞書 전자사전　ⓒ 学生 학생　　ⓓ はい 네

● 3　ⓐ けいたい 휴대전화　ⓑ mp3 mp3　　ⓒ 高校生 고등학생　ⓓ いいえ 아니요

박유리가 들고 있는 PMP에 대해 다나카가 묻고 있어요.

それは 何^{なん}ですか

田中 ユリさん こんにちは。それは 何^{なん}ですか。

パク こんにちは。これは PMPです。

田中 へえー、すごいですね。ユリさんの PMPですか。

パク いいえ、私^{わたし}の じゃありません。

田中 誰^{だれ}の ですか。

パク 恋人^{こいびと}の です。

へえー、
すごい〜

これは
PMPです。

こんにちは 안녕하세요(낮 인사)　　すごいですね 굉장하군요, 멋있군요

01 다음 문장을 듣고 이것은 무엇인지 그림에 번호를 써 보세요.

a 　　b 　　c 　　d

　　（　　）　　　　　（　　）　　　　　（　　）　　　　　（　　）

02 사토와 다나카의 대화를 듣고 맞는 문장에는 ○, 틀린 문장에는 ×를 하세요.

① この けいたいは 田中さんの です。　　（　　　）

② あれは 財布です。　　（　　　）

③ 財布は 田中さんの です。　　（　　　）

단어 총정리

1-35 체크 포인트

- ☐ コンピュータ 컴퓨터
- ☐ 本 책
- ☐ 雑誌 잡지
- ☐ の ~의, ~의 것
- ☐ 映画 영화
- ☐ たばこ 담배
- ☐ 誰 누구
- ☐ 家 집
- ☐ 友だち 친구
- ☐ 大学 대학교
- ☐ 恋人 애인
- ☐ 人 사람

문형연습 1-36

- ☐ 電子辞書 전자사전
- ☐ 新聞 신문
- ☐ ペン 펜
- ☐ 学校 학교
- ☐ 本屋 서점
- ☐ デパート 백화점
- ☐ 映画館 영화관
- ☐ かばん 가방
- ☐ けいたい 핸드폰
- ☐ 車 자동차
- ☐ 傘 우산

회화 본문 1-37

- ☐ こんにちは 안녕하세요?
  (낮 인사)
- ☐ 何 무엇
- ☐ すごいです 굉장합니다,
  멋있습니다

듣기 연습 1-38

- ☐ 財布 지갑
- ☐ 辞書 사전

人
사람 인

음독 じん　훈독 人 사람
韓国人 한국인　女の人 여자

本
근본 본

음독 ほん　훈독 本 근본
本 책　日本 일본

国
나라 국

음독 こく, ごく　훈독 国 나라
外国 외국　中国 중국

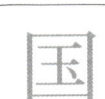  

 カタカナ 체크

トイレ 화장실

コーヒー 커피

ペン 펜

第04課 いつの コンサートですか

이번 과에서는 날짜와 시간, 요일을
어떻게 표현하는지 알아볼게요.
그리고 일본어 명사문의 과거형을 어떻
게 만드는지도 함께 알아보죠.
그럼, 오늘의 핵심포인트를 살펴볼까요~

1
今 10時 20分です。
지금은 10시 20분입니다.

2
今日は 5月 5日 金曜日です。
오늘은 5월 5일 금요일입니다.

3
昨日は 5月 4日 木曜日でした。
어제는 5월 4일 목요일이었습니다.

何時 何分ですか   몇 시 몇 분입니까?

▷ A 今、何時ですか。

B 4時 20分です。

何時 몇 시   何分 몇 분

♣숫자와 시간

숫자			
0(ゼロ)	1(いち)	2(に)	3(さん)
4(よん / し)	5(ご)	6(ろく)	7(なな / しち)
8(はち)	9(きゅう / く)	10(じゅう)	

	시간		
시(時)	1時(いちじ) 1시 2時(にじ) 2시 3時(さんじ) 3시 4時(よじ) 4시 5時(ごじ) 5시 6時(ろくじ) 6시 7時(しちじ) 7시 8時(はちじ) 8시 9時(くじ) 9시 10時(じゅうじ) 10시 11時(じゅういちじ) 11시 12時(じゅうにじ) 12시 何時(なんじ) 몇 시		
분(分)	1分(いっぷん) 1분 2分(にふん) 2분 3分(さんぷん) 3분 4分(よんぷん) 4분 5分(ごふん) 5분 6分(ろっぷん) 6분 7分(ななふん) 7분 8分(はっぷん) 8분 9分(きゅうふん) 9분 10分(じゅっぷん / じっぷん) 10분 30分(さんじゅっぷん) 30분 / 半(はん) 반 何分(なんぷん) 몇 분		

02

～から ～まで

～부터 ～까지

▷ 昼休みは 12時から 1時までです。

▷ A お仕事は 何時から 何時までですか。
　 B 仕事は 9時から 6時までです。

昼休み 점심시간　お～ 접두미화어　仕事 일

03

何曜日ですか

무슨 요일입니까?

▷ A 今日は 何曜日ですか。
　 B 今日は 土曜日です。

何曜日 무슨 요일　今日 오늘　土曜日 토요일

♣요일

요일		
月曜日（げつようび）월요일	火曜日（かようび）화요일	水曜日（すいようび）수요일
木曜日（もくようび）목요일	金曜日（きんようび）금요일	土曜日（どようび）토요일
日曜日（にちようび）일요일	何曜日（なんようび）무슨 요일	

04

何月 何日ですか なんがつ なんにち　　　　　　　　　　몇 월 며칠입니까?

▷ A 今日は 何月 何日ですか。

B 今日は 9月 1日です。

▷ A 林さんの お誕生日は いつですか。

B 私の 誕生日は 1月 29日です。

何月 몇 월　　何日 몇 일　　誕生日 생일　　いつ 언제

♣ 날짜

月(月)	1月(いちがつ) 1월	2月(にがつ) 2월	3月(さんがつ) 3월
	4月(しがつ) 4월	5月(ごがつ) 5월	6月(ろくがつ) 6월
	7月(しちがつ) 7월	8月(はちがつ) 8월	9月(くがつ) 9월
	10月(じゅうがつ) 10월		11月(じゅういちがつ) 11월
	12月(じゅうにがつ) 12월		何月(なんがつ) 몇 월
日(日)	1日(ついたち) 1일	2日(ふつか) 2일	3日(みっか) 3일
	4日(よっか) 4일	5日(いつか) 5일	6日(むいか) 6일
	7日(なのか) 7일	8日(ようか) 8일	9日(ここのか) 9일
	10日(とおか) 10일		11日(じゅういちにち) 11일
	12日(じゅうににち) 12일		14日(じゅうよっか) 14일
	17日(じゅうしちにち) 17일		19日(じゅうくにち) 19일
	20日(はつか) 20일		24日(にじゅうよっか) 24일
	27日(にじゅうしちにち) 27일		29日(にじゅうくにち) 29일
	30日(さんじゅうにち) 30일		何日(なんにち) 며칠

～でした ～이었습니다

～じゃありませんでした ～이/가 아니었습니다

○「명사＋でした」는 과거표현을, 「명사＋じゃありませんでした」는 과거의 부정표현을 나타 냅니다.

▷ 昨日は 私の 誕生日でした。

▷ A 昨日は お休みでしたか。

B いいえ、休みじゃありませんでした。

昨日 어제   休み 휴일

문형연습

01 다음 예와 같이 문장을 만들어 보세요.

> **예**
> A すみません。今、何時ですか。
> B いちじ じゅうごふんです。
>
> 01:15

①
A _____ 。
B _____ 。

03:25

②
A _____ 。
B _____ 。

04:30

③
A _____ 。
B _____ 。

07:10

④
A _____ 。
B _____ 。

09:40

⑤
A _____ 。
B _____ 。

12:45

すみません 실례합니다　今 지금

02 다음 예와 같이 문장을 만들어 보세요.

> 예
>
> バレンタインデー
>
> A バレンタインデーは いつですか。
> B にがつ じゅうよっかです。

① お正月
A _____ 。
B _____ 。

② ホワイトデー
A _____ 。
B _____ 。

③ こどもの 日
A _____ 。
B _____ 。

④ クリスマス
A _____ 。
B _____ 。

⑤ 誕生日
A _____ 。
B _____ 。

バレンタインデー 발렌타인 데이　お正月 정월　子供の 日 어린이날　クリスマス 크리스마스

03 다음 예와 같이 문장을 만들어 보세요.

> 예 | 昨日(きのう) / 4月(しがつ) 1日(ついたち)
> → 昨日(きのう)は 4月(しがつ) 1日(ついたち)でした。

① 昨日(きのう) / パクさんの 誕生日(たんじょうび)

→

② 授業(じゅぎょう) / 10時(じ)から

→

③ 昨日(きのう) / 火曜日(かようび)

→

授業(じゅぎょう) 수업　　火曜日(かようび) 화요일

다음 밑줄 부분을 보기의 단어로 바꿔가며 이야기해 보세요. 1-39

キム　　これは 何^{なん}の ⓐ スケジュールですか。

林^{はやし}　　ⓑ 日本語^{に ほん ご}の 授業^{じゅぎょう}の ⓐ スケジュールです。

キム　　いつからですか。

林^{はやし}　　ⓒ 今年^{ことし}の 3月^{さんがつ}からです。

キム　　いつまでですか。

林^{はやし}　　ⓓ 6月^{ろくがつ}までです。

보기

ⓐ スケジュール 스케줄　　ⓑ 日本語^{に ほん ご}の 授業^{じゅぎょう} 일본어 수업

ⓒ 今年^{ことし}の 3月^{さんがつ} 올해 3월　　ⓓ 6月^{ろくがつ} 6월

1 ⓐ コンサート 콘서트　　ⓑ ロック 록
　 ⓒ 今月^{こんげつ}の 1日^{ついたち} 이번 달 1일　　ⓓ 今月^{こんげつ}の 20日^{はつか} 이번 달 20일

2 ⓐ 研修^{けんしゅう} 연수　　ⓑ 先生^{せんせい} 선생님
　 ⓒ 今年^{ことし}の 4月^{しがつ} 올해 4월　　ⓓ 5月^{ごがつ} 5월

3 ⓐ 展示会^{てん じ かい} 전시회　　ⓑ 絵^え 그림
　 ⓒ 来月^{らいげつ}の 5日^{いつか} 다음 달 5월　　ⓓ 来月^{らいげつ}の 24日^{にじゅうよっか} 다음 달 24일

콘서트 티켓을 들고 있는 박유리를 보며 다나카가 묻고 있어요.

いつの コンサートですか

田中 それ、何_{なん}の チケットですか。

パク あ! これですか、コンサートの チケットです。

田中 誰_{だれ}の コンサートですか。

パク ジャッスンさんの コンサートです。

田中 そうですか、いつですか。

パク 金曜日_{きんようび}です。

田中 何時_{なんじ}から 何時_{なんじ}までですか。

パク 午後_{ごご} 7時_{しちじ}から 9時_{くじ}までです。

田中 場所_{ばしょ}は どこですか。

パク オリンピック 公園_{こうえん}です。

誰_{だれ}の コンサート
ですか。

ジャッスンさんの
コンサートです。

いつ 언제　チケット 티켓　コンサート 콘서트　午後_{ごご} 오후
場所_{ばしょ} 장소　オリンピック 올림픽　公園_{こうえん} 공원

01 다음 문장을 듣고 누구의 약속 시간인지 시계 그림에 이름을 써 보세요.

① 　② 　③ 　④

(　　　　　)　　　(　　　　　)　　　(　　　　　)　　　(　　　　　)

02 사토와 다나카의 대화를 듣고 맞는 문장에는 ○, 틀린 문장에는 ×를 하세요.

① これは　ミュージカルの　チケットです。　(　　　)

② これは　水曜日の　チケットです。　　　(　　　)
　　　　　すいよう び

③ これは　四日の　チケットです。　　　　(　　　)
　　　　　よっ か

단어 총정리

체크 포인트 1-43

- ☐ 今 いま 지금
- ☐ 何時 なんじ 몇 시
- ☐ 何分 なんぷん 몇 분
- ☐ 昼休み ひるやす 점심시간
- ☐ 仕事 しごと 일

- ☐ 何曜日 なんようび 무슨 요일
- ☐ 今日 きょう 오늘
- ☐ 何月 なんがつ 몇 월
- ☐ 何日 なんにち 며칠
- ☐ 誕生日 たんじょうび 생일

- ☐ いつ 언제
- ☐ 昨日 きのう 어제
- ☐ 休み やす 휴일

문형연습 1-44

- ☐ すみません 죄송합니다, 실례합니다
- ☐ バレンタインデー 밸런타인데이

- ☐ お正月 しょうがつ 정월, 설날
- ☐ ホワイトデー 화이트데이
- ☐ こどもの 日 ひ 어린이 날

- ☐ クリスマス 크리스마스
- ☐ 授業 じゅぎょう 수업

회화 본문 1-45

- ☐ コンサート 콘서트
- ☐ チケット 티켓

- ☐ 午後 ごご 오후
- ☐ 場所 ばしょ 장소

- ☐ オリンピック 올림픽
- ☐ 公園 こうえん 공원

듣기 연습 1-46

- ☐ 約束 やくそく 약속

- ☐ ミュージカル 뮤지컬

- ☐ ～半 はん ～반

日 날 일

음독 にち, じつ　훈독 日 날

日曜日 일요일　毎日 매일　休みの 日 쉬는 날

| 日 | 日 | 日 | | |

月 달 월

음독 げつ, がつ　훈독 月 달

月曜日 월요일　今月 이번 달　毎月 매달

| 月 | 月 | 月 | | |

時 때 시

음독 じ　훈독 時 때

時間 시간　時々 때때로, 가끔

| 時 | 時 | 時 | | |

 カタカナ 체크

コンサート 콘서트

| コンサート | | |

チケット 티켓

| チケット | | |

スケジュール 스케줄

| スケジュール | | |

お菓子は 一つ いくらですか

이번 과에서는 물건 값을 어떻게 표현하

는지 알아보고 수를 세는 방법을 알아볼

게요.

그럼, 핵심포인트를 살펴볼까요~

1 これは　520円です。
이것은 520엔입니다.

2 友だちは　6人です。
친구는 6명입니다.

3 コーヒーは　一杯です。
커피는 한 잔입니다.

4 ハンバーガー　一つ　ください。
햄버거 한 개 주세요.

체크 포인트

01

いくらですか　　　　　　　　　　　얼마입니까?

▷ A　これは いくらですか。
　 B　1,500円です。
　　　せんごひゃくえん

▷ A　この 本は いくらですか。
　　　　　ほん
　 B　3,000円です。
　　　さんぜん えん

円 엔(일본화폐단위)
えん

TIP
♣ 화폐 단위
　• 円 엔
　　えん
　• ウォン　원
　• ドル　달러

02

何人ですか　　　　　　　　　　　몇 명입니까?
　なんにん

▷ A　男の人は 何人ですか。
　　　おとこ ひと　なんにん
　 B　2人です。
　　　ふたり

▷ A　何人家族ですか。
　　　なんにん か ぞく
　 B　5人家族です。
　　　ごにん か ぞく

何人 몇 명　　男の人 남자　　家族 가족
なんにん　　　おとこ ひと　　　か ぞく

TIP
♣ '4人'은 「よんにん」
　이 아닌 「よにん」이
　라고 발음한답니다.

03

いくつですか　　　　　　　　　　　몇 개입니까?

▷ A　全部で いくつですか。
　　　ぜん ぶ
　 B　三つです。
　　　みっ

▷ 一つ、1万円です。
　ひと　　いちまんえん

いくつ 몇 개　　全部で 전부해서
　　　　　　　　ぜん ぶ

～ください

～주세요

▷ コーヒー ください。

▷ ハンバーガー 三^{みっ}つと コーラ 一本^{いっぽん} ください。

▷ もう 一^{ひと}つ ください。

コーヒー 커피　ハンバーガー 햄버거　三^{みっ}つ 3개　コーラ 콜라　もう一^{ひと}つ 하나 더

♣ 숫자

1	いち	10	じゅう	100	ひゃく	1000	せん
2	に	20	にじゅう	200	にひゃく	2000	にせん
3	さん	30	さんじゅう	300	さんびゃく	3000	さんぜん
4	し	40	よんじゅう	400	よんひゃく	4000	よんせん
5	ご	50	ごじゅう	500	ごひゃく	5000	ごせん
6	ろく	60	ろくじゅう	600	ろっぴゃく	6000	ろくせん
7	なな・しち	70	ななじゅう	700	ななひゃく	7000	ななせん
8	はち	80	はちじゅう	800	はっぴゃく	8000	はっせん
9	きゅう・く	90	きゅうじゅう	900	きゅうひゃく	9000	きゅうせん
10	じゅう	100	ひゃく	1000	せん	10000	いちまん

♣ 조수사

	～명 (～人)	～살 (～才)	～개	～개 (～個)	～병, 자루 (～本)	～장 (～枚)
1	ひとり	いっさい	ひとつ	いっこ	いっぽん	いちまい
2	ふたり	にさい	ふたつ	にこ	にほん	にまい
3	さんにん	さんさい	みっつ	さんこ	さんぼん	さんまい
4	よにん	よんさい	よっつ	よんこ	よんほん	よんまい
5	ごにん	ごさい	いつつ	ごこ	ごほん	ごまい
6	ろくにん	ろくさい	むっつ	ろっこ	ろっぽん	ろくまい
7	しちにん	ななさい	ななつ	ななこ	ななほん	ななまい
8	はちにん	はっさい	やっつ	はちこ	はっぽん	はちまい
9	きゅうにん	きゅうさい	ここのつ	きゅうこ	きゅうほん	きゅうまい
10	じゅうにん	じゅっさい	とお	じゅっこ	じゅっぽん	じゅうまい
몇	なんにん	なんさい/おいくつ	いくつ	なんこ	なんぼん	なんまい

01 다음 예와 같이 문장을 만들어 보세요.

> **예** えんぴつ / 100円
>
> A すみません。この えんぴつは いくらですか。
> B 100円です。
> A じゃ、一本 ください。

① たばこ / 280円

A ＿＿＿＿＿＿＿＿＿＿＿＿＿＿＿＿＿＿＿＿＿＿＿＿＿＿。

B ＿＿＿＿＿＿＿＿＿＿＿＿＿＿＿＿＿＿＿＿＿＿＿＿＿＿。

A ＿＿＿＿＿＿＿＿＿＿＿＿＿＿＿＿＿＿＿＿＿＿＿＿＿＿。

② 雑誌 / 1000円

A ＿＿＿＿＿＿＿＿＿＿＿＿＿＿＿＿＿＿＿＿＿＿＿＿＿＿。

B ＿＿＿＿＿＿＿＿＿＿＿＿＿＿＿＿＿＿＿＿＿＿＿＿＿＿。

A ＿＿＿＿＿＿＿＿＿＿＿＿＿＿＿＿＿＿＿＿＿＿＿＿＿＿。

③ ハンバーガー / 450円

A ＿＿＿＿＿＿＿＿＿＿＿＿＿＿＿＿＿＿＿＿＿＿＿＿＿＿。

B ＿＿＿＿＿＿＿＿＿＿＿＿＿＿＿＿＿＿＿＿＿＿＿＿＿＿。

A ＿＿＿＿＿＿＿＿＿＿＿＿＿＿＿＿＿＿＿＿＿＿＿＿＿＿。

④ ジュース / 150円

A ＿＿＿＿＿＿＿＿＿＿＿＿＿＿＿＿＿＿＿＿＿＿＿＿＿＿。

B ＿＿＿＿＿＿＿＿＿＿＿＿＿＿＿＿＿＿＿＿＿＿＿＿＿＿。

A ＿＿＿＿＿＿＿＿＿＿＿＿＿＿＿＿＿＿＿＿＿＿＿＿＿＿。

⑤ ラーメン / 600円
_{ろっぴゃくえん}

A _____。

B _____。

A _____。

えんぴつ 연필   ジュース 주스   ラーメン 라면

02 다음 예와 같이 문장을 만들어 보세요.

예 学生 / 1人
_{がくせい} _{ひとり}

A 学生は 何人ですか。
_{がくせい} _{なんにん}

B 1人です。
_{ひとり}

① 子供 / 1人
_{こども} _{ひとり}

A _____。

B _____。

② 先生 / 2人
_{せんせい} _{ふたり}

A _____。

B _____。

③ 友だち / 10人
_{とも} _{じゅうにん}

A _____。

B _____。

④ 女の人 / 8人
^{おんな} ^{ひと} ^{はちにん}

A _____。

B _____。

女の人 여자
^{おんな} ^{ひと}

03 다음 예와 같이 문장을 만들어 보세요.

예 私の 家族 / 5人
^{わたし} ^{か ぞく} ^{ごにん}

→ 私の 家族は 5人です。
^{わたし} ^{か ぞく} ^{ご にん}

① ビール / 3本
^{さんぼん}

→ _____。

② ジュース / 2杯
^{にはい}

→ _____。

③ ラーメン / 1杯
^{いっぱい}

→ _____。

ビール 맥주　　〜本 〜개(길다란 것을 세는 단위)　　〜杯 〜잔
^{ぼん} ^{はい}

•• 다음 밑줄 부분을 보기의 단어로 바꿔가며 이야기해 보세요. 1-47

キム　　　すみません。ⓐ ハンバーガーは いくらですか。

林（はやし）　ⓑ 200円（にひゃくえん）です。

キム　　　じゃ、ⓐ ハンバーガーと ⓒ コーラを 1本（いっぽん） ください。

林（はやし）　はい、全部（ぜんぶ）で ⓓ ４４０円（よんひゃくよんじゅうえん）です。

キム　　　ⓓ ４４０円（よんひゃくよんじゅうえん）ですか。

　　　　　はい。(천 엔을 낸다)

林（はやし）　ありがとうございます。

　　　　　ⓔ ５６０円（ごひゃくろくじゅうえん）の おつりです。

보기　ⓐ ハンバーガー 햄버거　ⓑ 200円（にひゃくえん） 200 엔　ⓒ コーラ 1本（いっぽん） 콜라 한 병

ⓓ ４４０円（よんひゃくよんじゅうえん） 440 엔　ⓔ ５６０円（ごひゃくろくじゅうえん） 560 엔

● **1**　ⓐ ラーメン 라면　ⓑ 600円（ろっぴゃくえん） 600 엔　ⓒ キムチ 一（ひと）つ 김치 한 개
　　ⓓ 700円（ななひゃくえん） 700 엔　ⓔ 300円（さんびゃくえん） 300 엔

● **2**　ⓐ カレー 카레　ⓑ ５10円（ごひゃくじゅうえん） 510 엔　ⓒ ビール 1杯（いっぱい） 맥주 한 잔
　　ⓓ ８６0円（はっぴゃくろくじゅうえん） 860 엔　ⓔ １４0円（ひゃくよんじゅうえん） 140 엔

● **3**　ⓐ サンドイッチ 샌드위치　ⓑ ４７0円（よんひゃくななじゅうえん） 470 엔　ⓒ ジュース 2杯（にはい） 주스 두 잔
　　ⓓ ７２0円（ななひゃくにじゅうえん） 720 엔　ⓔ ２８0円（にひゃくはちじゅうえん） 280 엔

박유리가 제과점에서 과자를 사며 점원과 이야기 하고
있어요.

お菓子は 一つ いくらですか

パク　すみません、この お菓子は 一つ いくらですか。

店員　それは 一つ １５０円です。

パク　じゃ、あれは 一つ いくらですか。

店員　あれは 一つ 200円です。

パク　じゃ、これ 三つと あれ 二つ ください。

全部で いくらですか。

店員　８５０円です。

パク　はい。(천 엔을 낸다)

店員　ありがとうございます。１５０円の おつりです。

あれは
２００円です。

あれは 一つ
いくらですか。

お菓子 과자　　じゃ 그럼　　〜と 〜와, 〜과, 〜랑
ありがとうございます 감사합니다　　おつり 잔돈

01 다음 문장을 듣고 숫자를 써 보세요. `1-49`

    a （   つ）   b （ 人^{にん}）   c （ 本^{ぼん}）   d （ 杯^{はい}）

02 사토와 점원의 대화를 듣고 맞는 문장에는 ○, 틀린 문장에는 ×를 하세요. `1-50`

① ここは 銀行^{ぎんこう}です。   （   ）

② ジュースは ２50円^{にひゃくごじゅうえん}です。   （   ）

③ お菓子^{かし}は 三つ^{みっ}で 900円^{きゅうひゃくえん}です。 （   ）

단어 총정리

채크 포인트 1-51

☐ 男の人 남자
☐ 家族 가족

☐ 全部で 전부해서
☐ コーヒー 커피

☐ ハンバーガー 햄버거
☐ コーラ 콜라

문형연습 1-52

☐ えんぴつ 연필
☐ たばこ 담배
☐ 雑誌 잡지

☐ ジュース 주스
☐ ラーメン 라면
☐ 子供 아이

☐ 女の人 여자
☐ ビール 맥주

회화 본문 1-53

☐ すみません 저기요, 실례합니다
☐ お菓子 과자
☐ いくらですか 얼마입니까?
☐ 一つ 한 개

☐ 円 엔 (일본 화폐 단위)
☐ 三つ 세 개
☐ と ~와, ~과, ~랑
☐ 二つ 두 개

☐ ください 주세요
☐ 全部で 전부해서
☐ おつり 잔돈

듣기 연습 1-54

☐ りんご 사과

☐ 銀行 은행

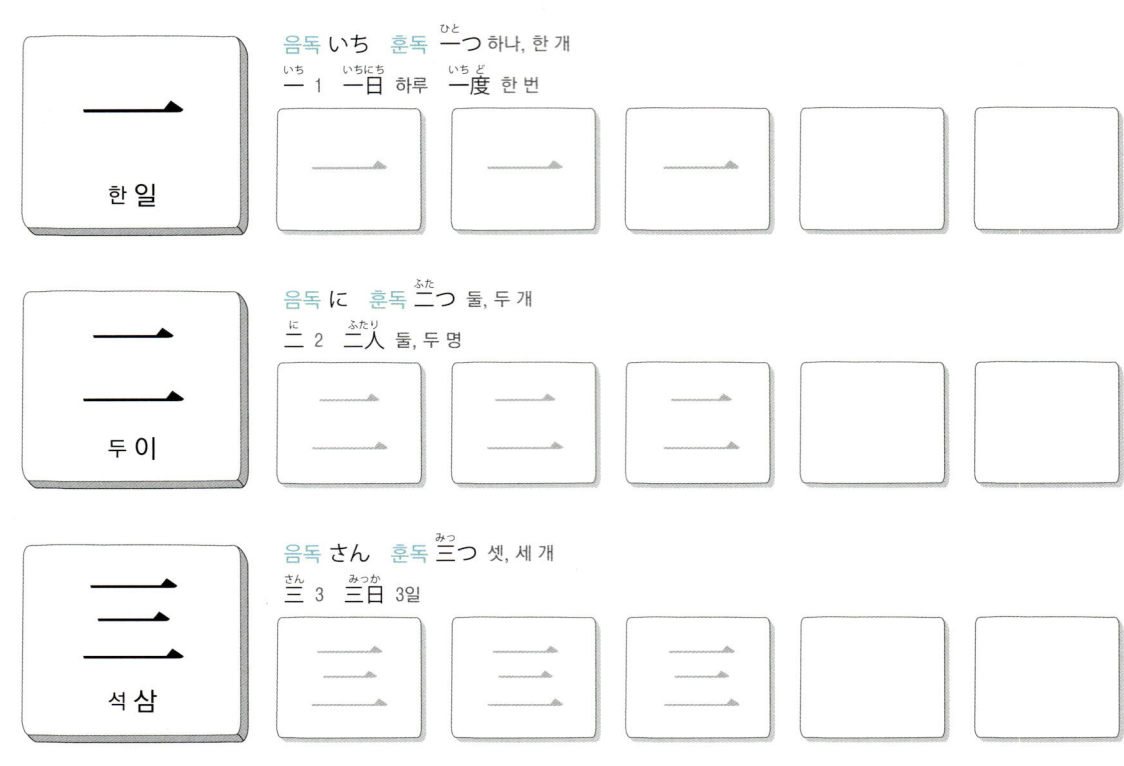

一

한 일

음독 いち　훈독 一つ 하나, 한 개
一 1　一日 하루　一度 한 번

二

두 이

음독 に　훈독 二つ 둘, 두 개
二 2　二人 둘, 두 명

三

석 삼

음독 さん　훈독 三つ 셋, 세 개
三 3　三日 3일

カタカナ 체크

ハンバーガー 햄버거

ハンバーガー

コーラ 콜라

コーラ

ラーメン 라면

ラーメン

 **'사랑해요~'와 「愛しています」**

TV에서 아들이나 딸이 부모님에게 감사의 뜻을 전하는 TV 프로그램이 있는데 대개 아들딸들은 '엄마, 사랑해요~'라고 한다. 물론 한국어로는 전혀 문제가 없지만 그것을 일본어로 「おかあさん、愛しています」라고 하면 조금 어색하다.

일본어의 「愛している」라는 메시지는 주로 사랑의 고백을 하거나 연애 감정을 표현할 때에 사용한다. 제 3자에게 「わたしは家族を愛している(나는 가족을 사랑한다)」라고 하는 것은 괜찮지만 자기 가족에게 직접 「愛している」라고 말하는 일본인은 많지 않다. 일반적으로 부모님한테 「愛している」라는 표현은 별로 사용하지 않는다. 자신의 부모님에게 감사의 뜻을 전할 때 일본인들은 「いつもありがとう(언제나 고마워)」라고 하며, 그것도 쑥스러워서 말하지 않는 일본인들이 많다.

따라서 한국에서는 가끔 '선생님 사랑해요~'라는 표현도 쓰고 있는데 이것을 그대로 「先生、愛しています」라고 하면 선생님에게 사랑을 고백하는 의미가 되어 그 선생님이 한국사정을 모른다면 오해를 할 수도 있다.

- [ ] パーティー 파티
- [ ] カレンダー 달력
- [ ] 5月 5日 5월 5일(어린이날)
- [ ] 時計 시계
- [ ] ソファー 소파
- [ ] ケーキ 케이크
- [ ] サラダ 샐러드
- [ ] 椅子 의자
- [ ] ワイン 와인
- [ ] テーブル 테이블
- [ ] バナナ 바나나
- [ ] コンピュータ 컴퓨터
- [ ] けいたい 핸드폰
- [ ] たばこ 담배
- [ ] カメラ 카메라
- [ ] ピザ 피자
- [ ] チキン 치킨
- [ ] みかん 귤
- [ ] コップ 컵
- [ ] お皿 접시
- [ ] りんご 사과
- [ ] 電話 전화
- [ ] 手帳 수첩
- [ ] ボールペン 볼펜
- [ ] お菓子 과자
- [ ] コーラ 콜라
- [ ] ネクタイ 넥타이
- [ ] 電子辞書 전자사전
- [ ] 花びん 꽃병
- [ ] キッチン 키친, 주방
- [ ] プレゼント 선물
- [ ] 眼鏡 안경
- [ ] エプロン 앞치마
- [ ] 傘 우산
- [ ] 写真を とる 사진을 찍다

第06課　ハンサムで　演技が　上手な　人です

이번 과에서는 ナ형용사의 현재형과
과거형을 만드는 방법과 ナ형용사가 어떻
게 명사를 꾸며주는가에 대해 알아볼게요.
그리고 최상급 표현도 함께 알아보도록 해요.
그럼, 핵심포인트를 살펴볼까요~

1 キムさんの部屋は　きれいです。
김 씨의 방은 깨끗합니다.

パクさんの部屋は　きれいじゃありません。
박 씨의 방은 깨끗하지 않습니다.

2 子供の　時、ゲームが　好きでした。
어렸을 때, 게임을 좋아했습니다.

子供の　時、ゲームが　好きじゃありませんでした。
어렸을 때, 게임을 좋아하지 않았습니다.

3 キムさんは　クラスの中で　一番　元気な　人です。
김 씨는 클래스에서 제일 활달한 사람입니다.

01

~だ → ~です   ~(ㅂ)니다

~だ → ~じゃありません   ~지 않습니다

● ナ형용사의 정중형은 「~です」를 붙여서 긍정 표현을, 「~じゃありません」을 붙여서 부정 표현을 만든답니다.

▷ A キムさんの 部屋は きれいですか。

 B いいえ、私の 部屋は あまり きれいじゃありません。

▷ A お仕事、大変ですか。

 B はい、すこし 大変です。

TIP

조사 「~を」는 우리말 '~을/를'에 해당합니다. 그래서 '커피를 좋아합니다'라고 할 때 「コーヒーを 好きです。」라고 해야 할 것 같지만, 「好きです / 嫌いです / 上手です / 下手です」 앞에는 조사 「が」를 써야 한답니다. 즉, 「コーヒーが 好きです。」로 써야 한다는 사실을 꼭 기억해 두세요.

部屋 방   きれいだ 깨끗하다   大変だ 힘들다
すこし 조금

02

~だ → ~でした   ~(ㅆ)습니다

~だ → ~じゃありませんでした   ~지 않았습니다

● ナ형용사 정중형의 과거는 「~でした」를, 부정의 과거는 「~じゃありませんでした」를 붙인답니다.

▷ 昨日は とても 暇でした。

▷ A ホテルは どうでしたか。

 B とても きれいでした。

▷ 昔は キムチが 好きじゃありませんでした。

とても 매우   暇だ 한가하다   ホテル 호텔   キムチ 김치   昔 옛날   好きだ 좋아하다

03

～だ → ～で

～하고(문장의 중지)/해서(원인ㆍ이유)

▷ この町は　便利で、　にぎやかです。
　　まち　　べんり

▷ 林さんは　まじめで、　私は　好きです。
　　はやし　　　　　　　　　　わたし　す

交通 교통　便利だ 편리하다　にぎやかだ 번화하다　まじめだ 성실하다
こうつう　　べんり

04

～だ → ～な＋[명사]

～한/하는 [명사]

○ ナ형용사가 명사를 수식할 때는 어미「～だ」가「～な」로 바뀌는데 이러한 이유로 ナ형용사라는 이름이 붙여졌습니다.

▷ ここは　静かな　町です。
　　　　　しず　　まち

▷ これは　私が　好きな　本です。
　　　　　わたし　す　　ほん

▷ 彼は　とても　まじめで、　親切な　人です。
　　かれ　　　　　　　　　　しんせつ　ひと

静かだ 조용하다　町 동네　とても 매우　親切だ 친절하다
しず　　　　　まち　　　　　　　　　　しんせつ

05

～の中で　～が　一番　～です
　　　　なか　　　　いちばん

～중에서 ~이 제일 ~(ㅂ)니다

○ 어떤 범위 안에서 가장 최고인 것을 나타내는 최상급 표현입니다.

▷ A 食べ物の中で　何が　一番　好きですか。
　　た　もの　なか　なに　いちばん　す

　B 日本の　ラーメンが　一番　好きです。
　　にほん　　　　　　　いちばん　す

▷ A クラスの中で　誰が　一番　優しいですか。
　　　　　なか　だれ　いちばん　やさ

　B キムさんが　一番　優しいです。
　　　　　　　いちばん　やさ

食べ物 음식　ラーメン 라면　優しい 상냥하다
た　もの　　　　　　　　やさ

TIP

「どんな [명사] ですか。」'어떤 ~입니까' 라는 의미로「どんな」는 사물이나 생물의 성질을 물어볼 때 사용합니다.

TIP

♣ ナ형용사 기본형

にぎやかだ 번화하다/활기차다	静_{しず}かだ 조용하다
きれいだ 예쁘다/깨끗하다	ハンサムだ 잘생기다
大変_{たいへん}だ 힘들다	簡単_{かんたん}だ 간단하다
好_すきだ 좋아하다	嫌_{きら}いだ 싫어하다
上手_{じょうず}だ 잘하다	下手_{へた}だ 서툴다

ナ형용사		긍정형	부정형	
元気だ 활발하다	현재	元気です 활발합니다	元気じゃありません 활발하지 않습니다	
	과거	元気でした 활발했습니다	元気じゃありませんでした 활발하지 않았습니다	

01 다음 예와 같이 문장을 만들어 보세요.

예 デパートの 店員てんいん・親切しんせつだ / はい、とても・いいえ、あまり

A デパートの 店員てんいんは 親切しんせつですか。

B1 はい、とても 親切しんせつです。

B2 いいえ、あまり 親切しんせつじゃありません。

① キムさんの 友ともだち・ハンサムだ / はい、とても

A _____。

B _____。

② 図書館としょかん・静しずかだ / いいえ、あまり

A _____。

B _____。

③ 明日あした・暇ひまだ / はい、とても

A _____。

B _____。

④ キムさんの 部屋へや・きれいだ / いいえ、あまり

A _____。

B _____。

⑤ イさん・歌うたが上手じょうずだ / いいえ、あまり

A _____。

B _____。

店員てんいん 점원   ハンサムだ 잘생기다   図書館としょかん 도서관   明日あした 내일   歌うた 노래   上手じょうずだ 잘하다   あまり 그다지

02 다음 예와 같이 문장을 만들어 보세요.

> 예 スポーツ・好きだ / サッカー
> A スポーツの 中で 何が 一番 好きですか。
> B サッカーが 一番 好きです。

① 果物・好きだ / りんご

A ＿＿＿＿＿＿＿＿＿＿＿＿＿＿＿＿＿＿＿＿＿＿＿。

B ＿＿＿＿＿＿＿＿＿＿＿＿＿＿＿＿＿＿＿＿＿＿＿。

② 季節・好きだ / 春

A ＿＿＿＿＿＿＿＿＿＿＿＿＿＿＿＿＿＿＿＿＿＿＿。

B ＿＿＿＿＿＿＿＿＿＿＿＿＿＿＿＿＿＿＿＿＿＿＿。

③ 友だち・きれいだ / パクさん

A ＿＿＿＿＿＿＿＿＿＿＿＿＿＿＿＿＿＿＿＿＿＿＿。

B ＿＿＿＿＿＿＿＿＿＿＿＿＿＿＿＿＿＿＿＿＿＿＿。

スポーツ 스포츠　サッカー 축구　中で 중에서　一番 제일　果物 과일　季節 계절　春 봄

03 다음 예와 같이 문장을 만들어 보세요.

예 | 学校 / 有名だ

A どんな 学校ですか。
B 有名な 学校です。

① 人 / まじめだ

A ＿＿＿＿＿＿＿＿＿＿＿＿＿＿＿＿＿＿＿＿＿＿＿＿＿＿＿＿＿＿＿＿。

B ＿＿＿＿＿＿＿＿＿＿＿＿＿＿＿＿＿＿＿＿＿＿＿＿＿＿＿＿＿＿＿＿。

② ところ / にぎやかだ

A ＿＿＿＿＿＿＿＿＿＿＿＿＿＿＿＿＿＿＿＿＿＿＿＿＿＿＿＿＿＿＿＿。

B ＿＿＿＿＿＿＿＿＿＿＿＿＿＿＿＿＿＿＿＿＿＿＿＿＿＿＿＿＿＿＿＿。

③ 店 / きれいだ

A ＿＿＿＿＿＿＿＿＿＿＿＿＿＿＿＿＿＿＿＿＿＿＿＿＿＿＿＿＿＿＿＿。

B ＿＿＿＿＿＿＿＿＿＿＿＿＿＿＿＿＿＿＿＿＿＿＿＿＿＿＿＿＿＿＿＿。

④ 仕事 / 大変だ

A ＿＿＿＿＿＿＿＿＿＿＿＿＿＿＿＿＿＿＿＿＿＿＿＿＿＿＿＿＿＿＿＿。

B ＿＿＿＿＿＿＿＿＿＿＿＿＿＿＿＿＿＿＿＿＿＿＿＿＿＿＿＿＿＿＿＿。

⑤ 物 / 便利だ

A ＿＿＿＿＿＿＿＿＿＿＿＿＿＿＿＿＿＿＿＿＿＿＿＿＿＿＿＿＿＿＿＿。

B ＿＿＿＿＿＿＿＿＿＿＿＿＿＿＿＿＿＿＿＿＿＿＿＿＿＿＿＿＿＿＿＿。

有名だ 유명하다　　ところ 곳　　店 가게　　物 물건

04 다음 예와 같이 문장을 만들어 보세요.

> 예 パクさんは まじめで、親切です。
> 　　　　（まじめだ＋親切だ）

① キョンジュは ＿＿＿＿＿＿＿＿＿＿＿＿＿＿ でした。
　　　　　（とても 静かだ＋きれいだ）

② 私の 恋人は ＿＿＿＿＿＿＿＿＿＿＿＿＿ です。
　　　　　（スポーツが 上手だ＋すてきだ）

③ 韓国の 地下鉄は ＿＿＿＿＿＿＿＿＿＿＿＿ です。
　　　　　　（きれいだ＋便利だ）

④ 私は ＿＿＿＿＿＿＿＿＿＿＿＿＿＿ な 人が 好きです。
　　　　（元気だ＋ハンサムだ）

すてきだ 멋있다　　韓国 한국　　地下鉄 지하철　　元気だ 활기차다

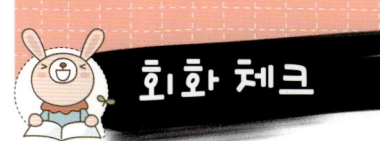
다음 밑줄 부분을 보기의 단어로 바꿔가며 이야기해 보세요. 2-1

林 キムさんは ⓐ サッカー選手の 中で 誰が 一番 好き

ですか。

キム ⓑ パクジソンが 一番 好きです。

林 ⓑ パクジソンは どんな 人ですか。

キム ⓒ サッカーが 上手で、ハンサムな 人です。

보기 　ⓐ サッカー選手 축구선수 　　ⓑ パクジソン 박지성

ⓒ サッカーが 上手だ / ハンサムだ 축구를 잘하다 / 핸섬하다

● 1 ⓐ 日本の 歌手 일본 가수 　　　　　ⓑ 宇多田ヒカル 우타다 히카루(인명)
　　ⓒ 有名だ / きれいだ 유명하다 / 예쁘다

● 2 ⓐ 韓国の タレント 한국 탤런트 　　　ⓑ イソンギュン 이선균(인명)
　　ⓒ 静かだ / すてきだ 조용하다 / 멋지다

● 3 ⓐ 会社の 人 회사 사람 　　　　　ⓑ ジョンハナさん 정하나(인명)
　　ⓒ 親切だ / まじめだ 친절하다 / 성실하다

박유리와 다나카가 좋아하는 배우에 대해서 이야기하고
있어요.

ハンサムで 演技が 上手な 人です

2-2

パク 田中さん、好きな 俳優は 誰ですか。

田中 私が 一番 好きな 俳優は Kです。

パク Kは 男の人ですか。

田中 ええ、そうです。

パク 有名な 人ですか。

田中 ええ、昔は 有名でした。でも 今は あまり 有名じゃありません。

パク どんな 俳優ですか。

田中 彼は ハンサムで 演技が 上手な 人です。

一番 好きな 俳優は Kです。

好きな 俳優は 誰ですか。

演技 연기　ええ 네　そうです 그렇습니다　でも 하지만

01 다음의 대화를 듣고 _____친 부분을 써 보세요. 2-3

시나리오

佐藤　田中さん　ここは　どこですか。

田中　会社の　①_____です。

佐藤　田中さんの　会社の　社長は　どんな　人ですか。

田中　まじめで　②_____ハンサムな　人です。

佐藤　そうですか。うらやましいですね。私の　会社の　社長は　ぜんぜん

　　　③_____。

02 사토와 다나카의 대화를 듣고 맞는 문장에는 ○, 틀린 문장에는 ×를 하세요. 2-4

① 田中さんは　子供の　時、勉強が　好きでした。　（　　　）

② 佐藤さんは　子供の　時、サッカーが　好きでした。　（　　　）

③ この　写真は　田中さんの　写真です。　（　　　）

체크 포인트 2-5

- [ ] 部屋 방
- [ ] きれいだ 예쁘다, 깨끗하다
- [ ] 大変だ 힘들다
- [ ] すこし 조금
- [ ] コーヒー 커피
- [ ] 好きだ 좋아하다
- [ ] 暇だ 한가하다

- [ ] ホテル 호텔
- [ ] とても 매우
- [ ] 昔 예전, 옛날
- [ ] キムチ 김치
- [ ] 交通 교통
- [ ] 便利だ 편리하다
- [ ] まじめだ 성실하다

- [ ] 静かだ 조용하다
- [ ] 町 마을
- [ ] 親切だ 친절하다
- [ ] 食べ物 음식
- [ ] ラーメン 라면
- [ ] 優しい 상냥하다
- [ ] 元気だ 활발하다, 건강하다

문형연습 2-6

- [ ] デパート 백화점
- [ ] 店員 점원
- [ ] ハンサムだ 잘생기다, 핸섬하다
- [ ] 図書館 도서관
- [ ] 明日 내일
- [ ] 部屋 방

- [ ] 歌 노래
- [ ] あまり 별로, 그다지
- [ ] スポーツ 스포츠
- [ ] サッカー 축구
- [ ] 一番 제일
- [ ] 果物 과일
- [ ] 季節 계절

- [ ] 春 봄
- [ ] 有名だ 유명하다
- [ ] ところ 곳
- [ ] 店 가게
- [ ] 物 물건
- [ ] キョンジュ 경주
- [ ] 地下鉄 지하철

회화 본문 2-7

- [ ] 俳優 배우
- [ ] 一番 제일

- [ ] 有名だ 유명하다
- [ ] どんな 어떤

- [ ] 演技 연기
- [ ] 上手だ 잘한다

듣기 연습 2-8

- [ ] 会社 회사
- [ ] 社長 사장
- [ ] うらやましい 부럽다

- [ ] ぜんぜん 전혀
- [ ] 写真 사진
- [ ] 時 때

- [ ] 勉強 공부

今
이제 금

음독 こん　훈독 今 지금
今月 이번 달　今晩 오늘 밤

男
사내 남

음독 だん, なん　훈독 男 남자
男性 남성　長男 장남　男の人 남자

 男 男

女
계집 여

음독 じょ　훈독 女 여자
女性 여성　男女 남녀　女の子 여자 아이

ハンサム 핸섬

ハンサム

サッカー 축구

サッカー

タレント 탤런트

タレント

第07課 恋人が いますか
こいびと

이번 과에서는 '있다'라는 표현과 '없다'라는 표현을 알아볼게요. 그리고 위치를 나타내는 표현과 일본에서는 가족을 어떻게 부르는지 그 호칭에 대해서도 익혀보도록 해요.

그럼, 핵심포인트를 살펴볼까요~

1 けいたいが あります。
휴대전화가 있습니다.

2 先生が います。
せんせい
선생님이 있습니다.

3 かばんの 中に けいたいと 本が あります。
なか　　　　　　　　　ほん
가방 안에 휴대전화와 책이 있습니다.

4 私の 家族は 4人家族です。
わたし　か ぞく　　よにん か ぞく
우리 가족은 4인 가족입니다.

01

~が あります
~이/가 있습니다

~は ありません
~은/는 없습니다

○「あります」는 사물이나 식물처럼 스스로 이동하지 못하는 것, 즉 동작성이 없는 것에 대한 존재의 유무를 나타냅니다.

▷ けいたいが あります。

▷ 私(わたし)の パソコンは ありません。

▷ A 質問(しつもん)が ありますか。

   B いいえ、質問(しつもん)は ありません。

パソコン 퍼스널 컴퓨터　　質問(しつもん) 질문

02

~に ~が あります
~에 ~이/가 있습니다

○「に」는 존재의 장소를 나타내는 조사랍니다.

▷ あそこに 私(わたし)の 車(くるま)が あります。

▷ 家(いえ)の 近(ちか)くに コンビニが あります。

▷ かばんの 中(なか)に 財布(さいふ)が あります。

近(ちか)く 근처　　コンビニ 편의점　　中(なか) 안

~と ~が あります ~와/과 ~이/가 있습니다

▷A 机<small>つくえ</small>の 上<small>うえ</small>に 何<small>なに</small>が ありますか。

 B 本<small>ほん</small>と ノートが あります。

▷A 会社<small>かいしゃ</small>の 近<small>ちか</small>くに 何<small>なに</small>が ありますか。

 B コンビニや レストランなどが あります。

机<small>つくえ</small> 책상   上<small>うえ</small> 위   ノート 노트   レストラン 레스토랑   など 등

TIP

• 위치를 나타내는 명사

| 上<small>うえ</small> 위 | 下<small>した</small> 아래 | 前<small>まえ</small> 앞 | 後<small>うし</small>ろ 뒤 |
| 右<small>みぎ</small> 오른쪽 | 左<small>ひだり</small> 왼쪽 | 横<small>よこ</small>/隣<small>となり</small> 옆 | 近<small>ちか</small>く 근처 |

04

~は どこに ありますか
~는 어디에 있습니까?

 A　本屋は どこに ありますか。

B　あそこの コンビニの 後ろに あります。

▷ A　ノートは どこに ありますか。

B　机の 上に あります。

後ろ 뒤

05

~が います
~이/가 있습니다

~は いません
~은/는 없습니다

○「います」는 사람이나 동물처럼 스스로 이동하는 것, 즉 동작성이 있는 것에 대한 존재의 유무를 나타냅니다.

▷ 恋人が います。

▷ ペットが いますか。

▷ A　教室に 誰が いますか。

B　キムさんと イさんが います。パクさんは いません。

ペット 애완동물　教室 교실

06

~は どこに いますか
~는 어디에 있습니까?

▷ A　パクさんは どこに いますか。

B　パクさんは 本屋の 前に います。

▷ A 今、鈴木さんは どこに いますか。

B 隣の 部屋に います。

前 앞　隣 옆

가족

	자기 가족을 남에게 말할 때	남의 가족을 말할 때	우리 가족을 부를 때
가족	家族	ご家族	·
할아버지	祖父	おじいさん	おじいさん
할머니	祖母	おばあさん	おばあさん
아버지	父	お父さん	お父さん
어머니	母	お母さん	お母さん
형/오빠	兄	お兄さん	お兄さん
누나/언니	姉	お姉さん	お姉さん
남동생	弟	弟さん	이름
여동생	妹	妹さん	이름
형제/자매	兄弟	ご兄弟	·
남편	主人/夫	ご主人	다양하게 호칭
아내	家内/妻	奥さん	
부모님	両親/親	ご両親	·
아들	息子	息子さん	이름
딸	娘	娘さん	이름
아이	子/子供	お子さん	·
손자/손녀	孫	お孫さん	이름

▷ A 何人家族ですか。

B 4人家族です。

▷ A お母さんは どんな 方ですか。

B 母は 料理が 上手で 静かな 人です。

お母さん 어머니　母 어머니　料理 요리　方 분

01 다음 예와 같이 문장을 만들어 보세요.

> | 예 |
> 車 / はい・いいえ
> A 車が ありますか。
> B₁ はい、車が あります。
> B₂ いいえ、車は ありません。

① パソコン / はい

A _____。

B _____。

② 恋人 / はい

A _____。

B _____。

③ ペット / いいえ

A _____。

B _____。

④ 時計 / いいえ

A _____。

B _____。

⑤ 約束 / はい

A _____。

B _____。

車 자동차   時計 시계   約束 약속

02 다음 예와 같이 문장을 만들어 보세요.

> **예** トイレ / エレベーターの横
>
> A すみません。トイレは どこに ありますか。
> B エレベーターの 横に ありますよ。
> A そうですか。どうも。

① バス停 / あの ビルの 前

A _____。

B _____。

A _____。

② 薬屋 / この 地下

A _____。

B _____。

A _____。

③ 地下鉄の 駅 / デパートの 前

A _____。

B _____。

A _____。

④ キムさん / 隣の 部屋

A _____。

B _____。

A _____。

⑤ 店員さん / あそこ

A _____。

B _____。

A _____。

トイレ 화장실　　エレベーター 엘리베이터　　横 옆　　どうも ごめんなさい　　バス停 버스정류장　　ビル 빌딩
薬屋 약국　　地下 지하　　駅 역

03 다음 그림을 보고 예와 같이 문장을 만들어 보세요.

예

A 電話は どこに ありますか。
B 電話は テーブルの 上に あります。

① A 花は どこに _____か。
　 B 花は _____に _____。

② A 子供は どこに _____か。
　 B 子供は _____に _____。

③ A 犬は どこに _____か。
　 B 犬は _____に _____。

④ A 傘は どこに _____か。
　 B 傘は _____に _____。

花 꽃　　犬 개　　テーブル 테이블

04 빈칸에 알맞은 말을 넣어 가족 소개를 해 보세요.

私（わたし）

私の 家族（わたし かぞく）

田中さん（たなか）

田中さんの 家族（たなか かぞく）

私（わたし）は ＿＿＿人家族（にん かぞく）です。 ＿＿＿と ＿＿＿と ＿＿＿が います。

田中（たなか）さんは ＿＿＿人家族（にん かぞく）です。 ＿＿＿と ＿＿＿と ＿＿＿と ＿＿＿が

います。

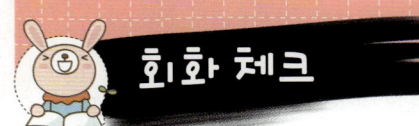

다음 밑줄 부분을 보기의 단어로 바꿔가며 이야기해 보세요.

01

キム	ⓐ 財布(さいふ)は どこに ありますか。
林(はやし)	ⓑ かばんの 中(なか)に あります。
キム	ⓒ 電子辞書(でんしじしょ)も ありますか。
林(はやし)	はい、ⓒ 電子辞書(でんしじしょ)も ⓑ かばんの 中(なか)に あります。

보기 1 ⓐ 財布(さいふ) 지갑　ⓑ かばんの 中(なか) 가방 안　ⓒ 電子辞書(でんしじしょ) 전자사전

● **1** ⓐ バス停(てい) 버스 정류장　ⓑ デパートの 前(まえ) 백화점 앞　ⓒ 地下鉄の 駅(ちかてつ)(えき) 지하철 역

● **2** ⓐ 食堂(しょくどう) 식당　ⓑ 病院の 地下(びょういん)(ちか) 병원 지하　ⓒ コンビニ 편의점

● **3** ⓐ 財布(さいふ) 지갑　ⓑ 机の 上(つくえ)(うえ) 책상 위　ⓒ けいたい 휴대전화

02

キム	林さんは ⓐ妹さんが いますか。
林	はい、います。
キム	ⓐ妹さんは ⓑ静かな 人ですか。
林	いいえ、ⓐ妹は ⓑ静かじゃありません。

보기 2 ⓐ妹さん（妹） 여동생　ⓑ静かだ 조용하다

- **1** ⓐお兄さん（兄） 형, 오빠　　　　ⓑまじめだ 성실하다

- **2** ⓐお姉さん（姉） 언니, 누나　　　　ⓑきれいだ 예쁘다

- **3** ⓐ弟さん（弟） 남동생　　　　ⓑ歌が 上手だ 노래를 잘하다

박유리와 다나카가 가족 이야기를 하고 있어요.

恋人が いますか 2-11

パク 田中さんの 家族は 何人家族ですか。

田中 4人家族です。父と 母と 姉と 私です。

パク お姉さんの お仕事は 何ですか。

田中 姉は 高校の 先生です。

パク お姉さんの 学校は どこに ありますか。

田中 家の 近くに あります。

パク お姉さんは 恋人が いますか。

田中 ええ、とても ハンサムな 恋人が いますよ。

パク うらやましいですね。

4人家族です。

家族は 何人家族ですか。

父 아버지　姉 누나　お姉さん 언니, 누님　高校 고등학교

〜ね 〜군요

01 다음 대화를 듣고 ( ) 안에 누구의 것인지 이름을 써 주세요.

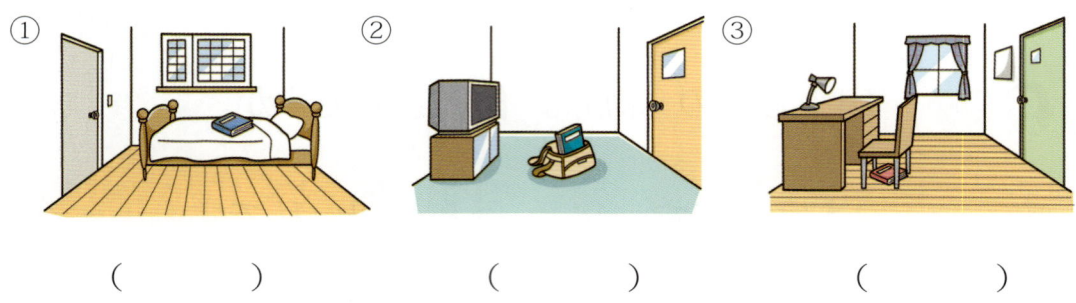

① ② ③

(   )   (   )   (   )

02 다음 문장을 듣고 질문에 답해 보세요.

① 今 車の 中に 誰が いますか。

   a) 아빠   b) 엄마   c) 부인   d) 애인

② 今 本屋の 前に 誰が いますか。

   a) 아빠   b) 엄마   c) 부인   d) 애인

③ 今 田中さんの 隣に 誰が いますか。

   a) 아빠   b) 엄마   c) 부인   d) 애인

단어 총정리

체크 포인트 🎧 2-14

- ☐ けいたい 휴대전화
- ☐ パソコン 컴퓨터
- ☐ 質問 질문
- ☐ 車 자동차
- ☐ 家 집
- ☐ 近く 근처

- ☐ コンビニ 편의점
- ☐ 財布 지갑
- ☐ 机 책상
- ☐ ノート 노트
- ☐ 会社 회사
- ☐ レストラン 레스토랑

- ☐ 本屋 책방
- ☐ ペット 애완동물
- ☐ 教室 교실
- ☐ 家族 가족
- ☐ お母さん 어머니
- ☐ 料理 요리

문형연습 🎧 2-15

- ☐ 時計 시계
- ☐ トイレ 화장실
- ☐ エレベーター 엘리베이터
- ☐ バス停 버스정류장
- ☐ ビル 빌딩

- ☐ 薬屋 약국
- ☐ 地下 지하
- ☐ 地下鉄 지하철
- ☐ 駅 역
- ☐ 電話 전화

- ☐ 花 꽃
- ☐ 犬 개
- ☐ テーブル 테이블

회화 본문 🎧 2-16

- ☐ 家族 가족
- ☐ 4人 네 명
- ☐ 父 아빠
- ☐ 母 엄마

- ☐ 姉 언니, 누나
- ☐ お姉さん 언니, 누님
- ☐ お仕事 일, 직업
- ☐ 高校 고등학교

- ☐ とても 매우, 굉장히
- ☐ うらやましい 부럽다
- ☐ ね ~군요, ~지요?

듣기 연습 🎧 2-17

- ☐ 椅子 의자
- ☐ 下 아래

- ☐ ベッド 침대
- ☐ 上 위

- ☐ お父さん (다른 사람의) 아버지

家	집가	음독 か 훈독 家 집				
		家族 가족　家内 아내　作家 작가				

家 집가

음독 ふ 훈독 父 아버지
祖父 할아버지　※ お父さん 아버지

父 아비 부

음독 ぼ 훈독 母 어머니
祖母 할머니　※ お母さん 어머니

母 어미 모

 カタカナ 체크

バス 버스

デパート 백화점

コンビニ 편의점

이번 과에서는 일본어 동사의 긍정문

과 부정문을 만드는 방법과 조사 「を」와

「と」의 역할도 익혀보도록 해요.

그럼, 핵심포인트를 살펴볼까요~

① 私（わたし）は お酒（さけ）を 飲（の）みます。
나는 술을 마십니다.

② 私（わたし）は お酒（さけ）を 飲（の）みません。
나는 술을 마시지 않습니다.

③ 友（とも）だちと いっしょに 映画（えいが）を 見（み）ます。
친구과 함께 영화를 봅니다.

01 일본어의 동사

○ 동사의 어미는 「う, く, ぐ, す, つ, ぬ, む, ぶ, る」 이렇게 모두 9개로, 「う」단으로 끝나는 것이 특징이며, 1, 2, 3그룹 동사로 나눌 수 있습니다.

1그룹 동사		
①「る」로 끝나지 않는 모든 동사	買う 사다 死ぬ 죽다 遊ぶ 놀다 泳ぐ 헤엄치다	待つ 기다리다 飲む 마시다 行く 가다 話す 이야기하다
②「る」로 끝났을 경우, 앞이 [a], [u], [o]음인 동사	わかる 알다/이해하다 乗る 타다	売る 팔다
③ 예외 동사 – 형태는 2그룹이지만 1그룹 활용을 하는 동사	帰る (집으로) 돌아가다/돌아오다 入る 들어가다/들어오다 切る 자르다	走る 달리다 知る 알다
2그룹 동사		
「る」로 끝나고 앞의 음이 [i], [e]로 끝나는 동사 –예외적으로 1그룹 활용을 하는 동사도 있다(1그룹 동사 ③참조)	見る 보다 食べる 먹다	起きる 일어나다 寝る 자다
3그룹 동사		
2개 밖에 없으므로 무조건 외운다.	来る 오다	する 하다

동사의 ます형

○ 동사는「ます」를 붙여서 공손한 말을 만듭니다. 부정문은「ません」을 붙입니다.

활용규칙	기본형	정중형	예외
1그룹 동사 끝음인 [u]단 음을 [i]단으로 바꾼 후「ます」를 붙인다	買う 사다	買います 삽니다	**예외 1그룹동사** 帰る (집으로) 돌아가다/돌아오다 → 帰ります (집으로) 돌아갑니다/돌아옵니다
	待つ 기다리다	待ちます 기다립니다	
	死ぬ 죽다	死にます 죽습니다	
	飲む 마시다	飲みます 마십니다	
	遊ぶ 놀다	遊びます 놉니다	
	行く 가다	行きます 갑니다	
	泳ぐ 헤엄치다	泳ぎます 헤엄칩니다	
	話す 이야기하다	話します 이야기합니다	
	売る 팔다	売ります 팝니다	
	乗る 타다	乗ります 탑니다	
2그룹 동사 끝음인「る」를 떼고「ます」를 붙인다	見る 보다	見ます 봅니다	
	起きる 일어나다	起きます 일어납니다	
	食べる 먹다	食べます 먹습니다	
	寝る 자다	寝ます 잡니다	
3그룹 동사 규칙 없음	来る 오다	来ます 옵니다	
	する 하다	します 합니다	

03 ～を ～을/를

▷ 私は 時々 お酒を 飲みます。

▷ A 毎日 朝ご飯を 食べますか。

　 B いいえ、ぜんぜん 食べません。

▷ 時々 一人で ご飯を 食べます。

時々 때때로, 가끔　お酒 술　飲む 마시다　毎日 매일　朝ご飯 아침밥　食べる 먹다　一人で 혼자서　ご飯 밥

04 と ～와/과/하고/랑

▷ 来週 キムさんと テニスを します。

▷ だいたい 友だちと 映画を 見ます。

来週 다음 주　テニスを する 테니스를 치다　する 하다　だいたい 대체로　見る 보다

01 다음 동사를 정중형으로 바꿔보세요.

기본형	정중형	기본형	정중형	기본형	정중형
예 食べる	食べます	待つ		行く	
来る		遊ぶ		寝る	
買う		取る		死ぬ	
読む		する		話す	
書く		泳ぐ		帰る	
飲む		見る		わかる	
走る		知る		起きる	
食べる		乗る		切る	
休む		聞く		歌う	
会う		売る		入る	

来る 오다　買う 사다　読む 읽다　書く 쓰다　走る 달리다　休む 쉬다
会う 만나다　待つ 기다리다　遊ぶ 놀다　取る 집다/잡다　する 하다　泳ぐ 헤엄치다
知る 알다　乗る 타다　聞く 듣다/묻다　売る 팔다　行く 가다　寝る 자다
死ぬ 죽다　話す 말하다　帰る 돌아가다　わかる 알다　起きる 일어나다　切る 자르다
歌う 노래하다　入る 들어가다

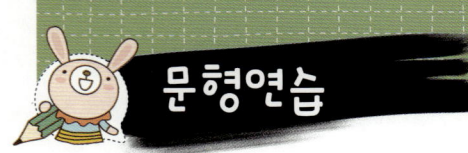
02 다음 예와 같이 문장을 만들어 보세요.

> 예
> 毎日 朝ご飯を 食べる / はい、毎日
> A 毎日 朝ご飯を 食べますか。
> B はい、毎日 朝ご飯を 食べます。

① 時々 運動を する / はい、時々

A _____。

B _____。

② よく 雑誌を 読む / いいえ、あまり

A _____。

B _____。

③ 時々 手紙を 書く / いいえ、ぜんぜん

A _____。

B _____。

④ よく 日本の 音楽を 聞く / はい、よく

A _____。

B _____。

⑤ よく コーヒーを 飲^のむ / いいえ、あまり

A _____。

B _____。

運動^{うんどう} 운동　手紙^{てがみ} 편지　音楽^{おんがく} 음악　よく 자주

03 다음 예와 같이 문장을 만들어 보세요.

예 映画^{えいが}を 見^みる / 友^{とも}だち
A 誰^{だれ}と 映画^{えいが}を 見^みますか。
B 友^{とも}だちと 映画^{えいが}を 見^みます。

① お酒^{さけ}を 飲^のむ / 兄^{あに}

A _____。

B _____。

② 勉強^{べんきょう}する / 友^{とも}だち

A _____。

B _____。

③ ご飯を 食べる / 恋人

A _____。

B _____。

④ 運動を する / 妹

A _____。

B _____。

兄 형　妹 여동생

●● 다음 밑줄 부분을 보기의 단어로 바꿔가며 이야기해 보세요.

キム	林_{はやし}さんは ⓐ 運動_{うんどう}を しますか。
林_{はやし}	はい、時々_{ときどき} ⓐ 運動_{うんどう}を します。
キム	だいたい どんな ⓐ 運動_{うんどう}を しますか。
林_{はやし}	だいたい ⓑ サッカーを します。
キム	ⓒ 野球_{やきゅう}も しますか。
林_{はやし}	いいえ、ⓒ 野球_{やきゅう}は しません。

보기   ⓐ 運動_{うんどう}を する 운동을 하다   ⓑ サッカーを する 축구를 하다   ⓒ 野球_{やきゅう}を する 야구를 하다

● 1 ⓐ お酒_{さけ}を 飲_のむ 술을 마시다   ⓑ ワインを 飲_のむ 와인을 마시다
   ⓒ 焼酎_{しょうちゅう}を 飲_のむ 소주를 마시다

● 2 ⓐ 映画_{えいが}を 見_みる 영화를 보다   ⓑ アクション映画_{えいが}を 見_みる 액션영화를 보다
   ⓒ ホラー映画_{えいが}を 見_みる 호러영화를 보다

● 3 ⓐ 音楽_{おんがく}を 聞_きく 음악을 듣다   ⓑ ジャズを 聞_きく 재즈를 듣다
   ⓒ クラシックを 聞_きく 클래식을 듣다

다나카가 박유리에게 술을 마시는지에 대해 묻고 있어요.

時々 お酒を 飲みます

2-19

田中　ユリさんは お酒を 飲みますか。

パク　はい、時々 飲みます。

田中　何を よく 飲みますか。

パク　私は だいたい ビールを 飲みます。

田中　ユリさんは ビールが 好きですね。ワインも

飲みますか。

パク　いいえ、ワインは 飲みませんね。

あまり 好きじゃありません。

田中　そうですか。 だいたい 誰と 飲みますか。

パク　私は いつも 友だちと いっしょに 飲みます。

お酒を
飲みますか。

はい、時々。

ワイン 와인　いつも 항상　いっしょに 함께

01 다음 대화를 듣고 (   ) 안에 이름을 써 주세요. 2-20

①

（   ）

②

（   ）

③

（   ）

02 다나카의 일기를 듣고 맞는 문장에는 ○, 틀린 문장에는 ×를 하세요.  2-21

① 田中さんは　毎日　音楽を　聞きます。　　　（　　　）

② 田中さんは　映画を　見ません。　　　　　　（　　　）

③ 田中さんは　アメリカの　映画が　好きです。（　　　）

단어 총정리

체크 포인트 2-22

- ☐ 時々 (ときどき) 때때로, 가끔
- ☐ お酒 (さけ) 술
- ☐ 飲む (の) 마시다
- ☐ 毎日 (まいにち) 매일
- ☐ 朝ご飯 (あさ はん) 아침밥

- ☐ ぜんぜん 전혀
- ☐ 食べる (た) 먹다
- ☐ 一人で (ひとり) 혼자서
- ☐ 来週 (らいしゅう) 다음주
- ☐ テニス 테니스

- ☐ する 하다
- ☐ だいたい 대부분
- ☐ 映画 (えい が) 영화
- ☐ 見る (み) 보다

문형연습 2-23

- ☐ 待つ (ま) 기다리다
- ☐ 行く (い) 가다
- ☐ 遊ぶ (あそ) 놀다
- ☐ 寝る (ね) 자다
- ☐ 買う (か) 사다
- ☐ 取る (と) 집다, 잡다
- ☐ 死ぬ (し) 죽다
- ☐ 読む (よ) 읽다
- ☐ 話す (はな) 이야기하다
- ☐ 書く (か) 쓰다
- ☐ 泳ぐ (およ) 헤엄치다

- ☐ 帰る (かえ) (집으로) 돌아가다
- ☐ わかる 알다
- ☐ 走る (はし) 달리다
- ☐ 知る (し) 알다
- ☐ 起きる (お) 일어나다
- ☐ 乗る (の) 타다
- ☐ 切る (き) 자르다
- ☐ 休む (やす) 쉬다
- ☐ 聞く (き) 듣다
- ☐ 歌う (うた) 노래하다
- ☐ 会う (あ) 만나다

- ☐ 売る (う) 팔다
- ☐ 入る (はい) 들어가다/들어오다
- ☐ よく 자주
- ☐ 雑誌 (ざっ し) 잡지
- ☐ 手紙 (て がみ) 편지
- ☐ 音楽 (おんがく) 음악
- ☐ コーヒー 커피
- ☐ 兄 (あに) 형, 오빠
- ☐ 勉強する (べんきょう) 공부하다
- ☐ 運動 (うんどう) 운동
- ☐ 妹 (いもうと) 여동생

회화 본문 2-24

- ☐ お酒 (さけ) 술
- ☐ 飲む (の) 마시다
- ☐ 時々 (ときどき) 때때로, 가끔
- ☐ 何を (なに) 무엇을

- ☐ だいたい 대개, 대체로
- ☐ ビール 맥주
- ☐ ワイン 와인
- ☐ あまり 별로, 그다지

- ☐ 誰と (だれ) 누구랑
- ☐ いっしょに 함께

듣기 연습 2-25

- ☐ それで 그래서
- ☐ また 또

- ☐ アメリカ 미국
- ☐ フランス 프랑스

好 좋을 호

음독 こう　훈독 好^すきだ 좋아하다
好物^{こうぶつ} 좋아하는 음식

好　好　好

友 벗 우

음독 ゆう　훈독 友^{とも} 벗, 친구
友人^{ゆうじん} 친구　友^{とも}だち 친구

友　友　友

食 먹을 식

음독 しょく　훈독 食^たべる 먹다
食事^{しょくじ} 식사　食堂^{しょくどう} 식당

食　食　食

アクション 액션

アクション

ワイン 와인

ワイン

ジャズ 재즈

ジャズ

毎日 6時に 起きます
まいにち ろくじ お

이번 과에서는 조사「で」와「に」의

역할을 살펴볼게요.「で」와「に」는 여러

가지 역할을 하는 조사이므로 주의깊게

보셔야 한답니다.

그럼, 핵심포인트를 살펴볼까요~

1 図書館で 勉強を します。
としょかん べんきょう
도서관에서 공부를 합니다.

2 家から 会社まで 地下鉄で 行きます。
いえ かいしゃ ちかてつ い
집에서 회사까지 지하철로 갑니다.

3 毎日 学校に 行きます。
まいにち がっこう い
매일 학교에 갑니다.

4 毎朝 6時に 起きます。
まいあさ ろくじ お
매일 아침 6시에 일어납니다.

01

～で

～에서/～(으)로/～(해)서/에

① 동작이 이루어지는 장소를 나타낼 때 사용합니다.

▷ 私は 図書館で 勉強を します。

▷ A 明日 どこで 映画を 見ますか。
　B 渋谷で 映画を 見ます。

② 수단이나 방법을 나타낼 때 사용합니다.

▷ 何で 行きますか。

▷ いつも 車で 帰ります。

▷ インターネットで 勉強します。

渋谷 시부야(지명)　　インターネット 인터넷

～に   ～에/(으)로

① 시각, 요일, 날짜 등 시간을 나타내는 말에 붙어 우리말의 '～에'로 해석됩니다.

▷ 授業は 何時に 始まりますか。

▷ 毎朝 6時に 起きます。

▷ 8時に 会社に 行きます。

② 행선지를 나타낼 때는 장소를 나타내는 단어에 조사「に」또는「へ」를 붙이면 된답니다.

▷ これから どこに/へ 行きますか。

▷ 何時に 家に 帰りますか。

▷ 土曜日も ここへ 来ますか。

これから 지금부터   始まる 시작되다   毎朝 매일 아침   起きる 일어나다

장소를 나타낼 때 사용하는「～へ」는 조사로 사용될 때에는「え」로 발음합니다.

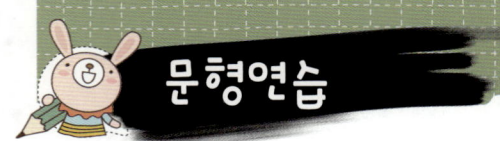

01 그림을 보고 일본어로 옮기세요.

> [예] 起きる
> → 6時に 起きます。
>
> 6：00

① 会社に 行く

→ _____。

8：00

② 休む

→ _____。

12：00〜1：00

③ 日本語を 勉強する

→ _____。

5：00〜6：00

④ 帰る

→ _____。

8：00

02 다음 예와 같이 문장을 만들어 보세요.

> 예 公園 / 子供と 遊ぶ
>
> A これから 何を しますか。
> B 公園で 子供と 遊びます。

① カラオケ / 歌を 歌う

A _____ 。

B _____ 。

② 映画館 / 映画を 見る

A _____ 。

B _____ 。

③ ミョンドン / 買い物する

A _____ 。

B _____ 。

④ レストラン / 食事する

A _____ 。

B _____ 。

遊ぶ 놀다　カラオケ 노래방　買い物する 쇼핑하다　食事する 식사하다

03 다음 문장의 ( )안에 조사를 넣어 완성해 보세요.

① 日本語の授業は 1時( ) 終わります。

② 私は だいたい 友だち( ) 遊びます。

③ キムさんは 日本語学校( ) 勉強します。

④ いつも 地下鉄( ) 会社( ) 行きます。

終わる 끝나다

다음 밑줄 부분을 보기의 단어로 바꿔가며 이야기해 보세요. 2-26

キム　週末は いつも 何を しますか。

林　一人で ⓐ 勉強を します。

キム　どこで ⓐ 勉強を しますか。

林　ⓑ 家の 近くの ⓒ 図書館で ⓐ 勉強を します。

キム　ⓒ 図書館まで 何で 行きますか。

林　ⓓ バスで 行きます。

보기　ⓐ 勉強を する 공부를 하다　　ⓑ 家の 近く 집 근처

ⓒ 図書館 도서관　　ⓓ バス 버스

● 1　ⓐ 買い物を する 쇼핑을 하다　　ⓑ 駅の 近く 역 근처

ⓒ デパート 백화점　　ⓓ 地下鉄 지하철

● 2　ⓐ パソコンを する 컴퓨터를 하다　　ⓑ コンビニの となり 편의점 옆

ⓒ ネットカフェ PC방　　ⓓ 歩いて 걸어서

● 3　ⓐ お酒を 飲む 술을 마시다　　ⓑ 学校の 前 학교 앞

ⓒ 飲み屋 술집　　ⓓ タクシー 택시

박유리와 다나카가 하루의 일과에 대해 이야기하고 있어요.

毎日 6時に 起きます 🎧 2-27

パク 田中さんは 毎日 何時に 起きますか。

田中 私は 毎日 6時に 起きます。

パク それから、何を しますか。

田中 シャワーを 浴びます。

パク 朝ご飯を 食べますか。

田中 はい、いつも 一人で 朝ご飯を 食べます。
それから、学校へ 行きます。

パク 家から 学校まで 何で 行きますか。

田中 電車で 行きます。

6時に 起きます。

毎日 何時に 起きますか。

それから 그리고 나서   シャワーを 浴びる 샤워를 하다   電車 전철

01 다음 다나카의 일주일간의 일과를 듣고 (　) 안에 요일을 써 보세요. 2-28

① 　　　　　　　　② 　　　　　　　　③

（　　　　　）　　　　（　　　　　）　　　　（　　　　　）

④ 　　　　　　　　⑤

（　　　　　）　　　　（　　　　　）

02 호시의 일과를 듣고 맞는 문장에는 ○, 틀린 문장에는 ×를 하세요. 2-29

① 星さんは 毎日 8時に 起きます。　　　　（　　　）

② 星さんは 学校に バスで 行きます。　　　（　　　）

③ 星さんは いつも ニュースを 見ます。　　（　　　）

④ 星さんは 朝ご飯を 食べます。　　　　　（　　　）

⑤ 星さんは 会社に 行きます。　　　　　　（　　　）

단어 총정리

체크 포인트 🎧 2-30

- ☐ 図書館 도서관
- ☐ 勉強 공부
- ☐ 渋谷 시부야(지명)
- ☐ 帰る (집으로)돌아가다/ 돌아오다

- ☐ インターネット 인터넷
- ☐ 土曜日 토요일
- ☐ 授業 수업
- ☐ 始まる 시작되다

- ☐ 毎朝 매일 아침
- ☐ 起きる 일어나다
- ☐ 会社 회사

문형연습 🎧 2-31

- ☐ 休む 쉬다
- ☐ 公園 공원
- ☐ カラオケ 노래방
- ☐ 歌 노래
- ☐ 歌う 노래하다

- ☐ 映画館 영화관
- ☐ ミョンドン 명동
- ☐ 買い物 쇼핑
- ☐ 食事 식사
- ☐ 終わる 끝나다

- ☐ 日本語学校 일본어 학원
- ☐ いつも 언제나, 항상
- ☐ 地下鉄 지하철

회화 본문 🎧 2-32

- ☐ 毎日 매일
- ☐ 起きる 일어나다
- ☐ シャワー 샤워
- ☐ 浴びる 샤워하다

- ☐ 朝ご飯 아침밥
- ☐ 一人で 혼자서
- ☐ 〜へ 〜에
- ☐ 家 집

- ☐ 何で 무엇으로, 무엇을 타고
- ☐ 電車 전철

듣기 연습 🎧 2-33

- ☐ 掃除 청소
- ☐ バス 버스

- ☐ テレビ 텔레비전
- ☐ ドラマ 드라마

- ☐ ニュース 뉴스

 한자 체크

電 전기 전	음독 でん 電話 전화　電気 전기 電　電　電　□　□	

車 수레 차	음독 しゃ　훈독 車 차, 자동차 電車 전철　自転車 자전거 車　車　車　□　□	

校 사귈 교	음독 こう 学校 학교　高校 고등학교 校　校　校　□　□	

 カタカナ 체크

シャワー 샤워

 シャワー　□　□

パソコン 퍼스널 컴퓨터

 パソコン　□　□

タクシー 택시

タクシー　□　□

いっしょに 映画を 見に 行きませんか

이번 과에서는 동사의 과거형을 어떻게

만드는지 알아볼게요. 그리고, 상대에게

무언가 함께할 것을 권하는 표현과 목적을

나타내는 표현도 함께 익혀보도록 할게요.

그럼, 핵심포인트를 살펴볼까요~

1 昨日 テレビを 見ました。
어제 텔레비전을 봤습니다.

昨日 テレビは 見ませんでした。
어제 텔레비전을 보지 않았습니다.

2 明日 いっしょに ご飯を 食べませんか。
내일 함께 밥을 먹지 않겠습니까?

はい、いっしょに 食べましょう。
네, 함께 먹읍시다.

3 どこか 遊びに 行きませんか。
어딘가 놀러 가지 않겠습니까?

01

~ました　　　　　　　　　　　　　　　　　~(ㅆ)습니다
~ませんでした　　　　　　　　　　　　　~하지 않았습니다

○ 동사의 과거는 「ます」를 「ました」로, 과거 부정표현은 「ます」를 「ませんでした」로 바꾼답니다.

▷ 昨日、テレビを 見ました。

▷ A 今朝、新聞を 読みましたか。

　B いいえ、読みませんでした。
　　　　　　　　　　　　　　　　　　　　　今朝 오늘 아침

02

~ませんか/~ましょうか/~ましょう　~지 않겠습니까/~할까요/~합시다

○ 상대방에게 무언가를 권할 때 사용하는 표현이랍니다.

▷ A 明日、映画を 見ませんか。

　B すみません。明日は ちょっと…。

▷ A 今晩 一杯 飲みましょうか。

　B ええ、飲みましょう。
　　　　　　　　　　　　　今晩 오늘 밤　　一杯 한잔　　ちょっと 좀...(거절할 때 쓰는 표현)

03

[동사의 ます형]+に 行く(来る/帰る)　　~(하)러 가다(오다/돌아가다)

○ 우리말의 '~하러'에 해당하며 동사의 목적을 나타냅니다.

▷ 渋谷へ 飲みに 行きましょう。

▷ これから 食堂へ ごはんを 食べに 行きます。

▷ どこか 遊びに 行きませんか。

どこか 어딘가

TIP

[동작성 명사] + に 行く (来る /帰る)
　　~(하)러 가다(오다/돌아가다)

▷ いっしょに 食事に 行きませんか。
　함께 식사하러 가지 않겠습니까?

▷ 来週から 出張に 行きます。
　다음 주부터 출장갑니다.

01 다음 예와 같이 문장을 만들어 보세요.

> 예   イさん / 昨日の 夜 / 部屋 / テレビを 見る
> → イさんは 昨日の 夜、部屋で テレビを 見ました。

① パクさん / 火曜日 / 図書館 / 勉強する

→ _____。

② 私 / 今朝 / 家 / 新聞を 読む

→ _____。

③ 林さん / おととい / 映画館 / 映画を 見る

→ _____。

夜 밤   おととい 그저께

02 다음 예와 같이 문장을 만들어 보세요.

例 明日、いっしょに お酒を 飲む / ○(×)

A 明日、いっしょに お酒を 飲みませんか。

B₁ （○）ええ、いっしょに お酒を 飲みましょう。

B₂ （×）すみません、明日は ちょっと…。

---

① いっしょに 映画を 見る / ○

A ＿＿＿＿＿＿＿＿＿＿＿＿＿＿＿＿＿＿＿＿＿＿。

B ＿＿＿＿＿＿＿＿＿＿＿＿＿＿＿＿＿＿＿＿＿＿。

---

② いっしょに 山登りに 行く / ×

A ＿＿＿＿＿＿＿＿＿＿＿＿＿＿＿＿＿＿＿＿＿＿。

B ＿＿＿＿＿＿＿＿＿＿＿＿＿＿＿＿＿＿＿＿＿＿。

---

③ 今度 いっしょに 食事する / ○

A ＿＿＿＿＿＿＿＿＿＿＿＿＿＿＿＿＿＿＿＿＿＿。

B ＿＿＿＿＿＿＿＿＿＿＿＿＿＿＿＿＿＿＿＿＿＿。

---

④ いっしょに 遊ぶ / ×

A ＿＿＿＿＿＿＿＿＿＿＿＿＿＿＿＿＿＿＿＿＿＿。

B ＿＿＿＿＿＿＿＿＿＿＿＿＿＿＿＿＿＿＿＿＿＿。

山登り 등산　　今度 이번

03 다음 예와 같이 문장을 만들어 보세요.

> **예** お昼を 食べる
>
> A お出かけですか。
>
> B はい、お昼を 食べに 行きます。

① 服を 買う

A お出かけですか。

B _____。

② 映画を 見る

A お出かけですか。

B _____。

③ お金を 下ろす

A お出かけですか。

B _____。

④ 友だちに 会う

A お出かけですか。

B _____。

お昼 점심   服 옷   お出かけ 외출   お金を 下ろす 돈을 찾다

04 다음 예와 같이 문장을 만들어 보세요.

예 山登^{やまのぼ}り

山登り

A 明日^{あした}、山登^{やまのぼ}りに 行^いきませんか。

B いいですね。行^いきましょう。

---

① 買^かい物^{もの}

A _____。

B _____。

② お酒^{さけ}を 飲^のむ

A _____。

B _____。

③ 映画^{えいが}を 見^みる

A _____。

B _____。

④ ご飯^{はん}を 食^たべる

A _____。

B _____。

山登^{やまのぼ}り 등산   いいですね 좋아요

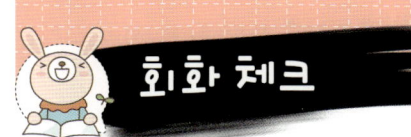
●● 다음 밑줄 부분을 보기의 단어로 바꿔가며 이야기해 보세요. 2-34

林(はやし)　キムさんは ⓐ お酒(さけ)が 好(す)きですか。

キム　はい、好(す)きです。

林(はやし)　今度(こんど)の 週末(しゅうまつ) いっしょに ⓑ 飲(の)みに 行きませんか。

キム　はい、そうしましょう。

林(はやし)　ⓒ ビールを ⓑ 飲(の)みましょうか。

キム　はい、いいですね。

보기　ⓐ お酒(さけ) 술　　ⓑ 飲(の)む 마시다　　ⓒ ビール 맥주

● 1 ⓐ 韓国料理(かんこくりょうり) 한국요리　　ⓑ 食(た)べる 먹다　　ⓒ カルビ 갈비

● 2 ⓐ 映画(えいが) 영화　　ⓑ 見(み)る 보다　　ⓒ ファンタジー 映画(えいが) 환타지 영화

● 3 ⓐ 音楽(おんがく) 음악　　ⓑ 聞(き)く 듣다　　ⓒ クラシック 클래식

다나카가 박유리에게 주말에 영화를 보러 가자고 권하고 있어요.

いっしょに 映画を 見に 行きませんか

2-35

田中　週末は 何を しましたか。

パク　友だちに 会いました。

田中　今度の 週末は 何を しますか。

パク　家で 休みます。

田中　そうですか。今度の 週末 いっしょに 映画を
見に 行きませんか。

パク　いいですね。行きましょう。

田中　何を 見ましょうか。

パク　日本の 映画は どうですか。

田中　はい、いいですよ。

日本の 映画を
見ましょう。

週末 주말　　どうですか 어떻습니까?

01 다음 문장을 듣고 ＿＿친 부분을 일본어로 써 보세요.

① 田中<small>たなか</small>さん、 明日<small>あした</small> いっしょに ＿＿＿＿＿＿＿＿ 行<small>い</small>きませんか。

② 佐藤<small>さとう</small>さん、 明日<small>あした</small> いっしょに ＿＿＿＿＿＿＿＿ 行<small>い</small>きませんか。

③ 星<small>ほし</small>さん、 明日<small>あした</small> いっしょに ＿＿＿＿＿＿＿＿ 行<small>い</small>きませんか。

④ 中村<small>なかむら</small>さん、 明日<small>あした</small> いっしょに ＿＿＿＿＿＿＿＿ 行<small>い</small>きませんか。

02 사토의 이야기를 듣고 맞는 문장에는 ○, 틀린 문장에는 ×를 하세요.

① 佐藤<small>さとう</small>さんは 今日<small>きょう</small> デパートに 行<small>い</small>きました。 （　　　）

② 佐藤<small>さとう</small>さんは 昨日<small>きのう</small> 友<small>とも</small>だちに 会<small>あ</small>いました。 （　　　）

③ 佐藤<small>さとう</small>さんは 昨日<small>きのう</small> ケーキを 食<small>た</small>べました。 （　　　）

④ 佐藤<small>さとう</small>さんは 昨日<small>きのう</small> 何<small>なに</small>も 買<small>か</small>いませんでした。 （　　　）

⑤ 佐藤<small>さとう</small>さんは 昨日<small>きのう</small> 靴<small>くつ</small>を 買<small>か</small>いました。 （　　　）

단어 총정리

체크 포인트 2-38

- [ ] 今晩（こんばん） 오늘밤
- [ ] 一杯（いっぱい） 한잔
- [ ] 明日（あした） 내일

- [ ] ちょっと 좀
- [ ] 今朝（けさ） 오늘 아침
- [ ] 新聞（しんぶん） 신문

- [ ] 遊ぶ（あそぶ） 놀다
- [ ] 出張（しゅっちょう） 출장

문형연습 2-39

- [ ] いっしょに 함께
- [ ] 山（やま） 산
- [ ] 昨日（きのう） 어제
- [ ] 夜（よる） 밤

- [ ] おととい 그저께
- [ ] 今度（こんど） 이번
- [ ] お昼（ひる） 점심
- [ ] お出かけ（で） 외출

- [ ] 服（ふく） 옷
- [ ] お金（かね）を 下（お）ろす 돈을 찾다 (관용구)
- [ ] 山登り（やまのぼ） 등산

회화 본문 2-40

- [ ] 週末（しゅうまつ） 주말
- [ ] 見（み）に 行（い）く 보러 가다

- [ ] いいですね 좋군요
- [ ] どうですか 어떻습니까?

듣기 연습 2-41

- [ ] 散歩（さんぽ） 산책
- [ ] バーゲンセール 바겐세일

- [ ] シャツ 셔츠
- [ ] 靴（くつ） 구두

- [ ] ケーキ 케이크

見
볼 견

음독 けん 훈독 見る 보다
見学 견학 見物 구경

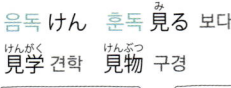   

行
갈 행

음독 こう 훈독 行く 가다
旅行 여행 行動 행동

休
쉴 휴

음독 きゅう 훈독 休む 쉬다
休日 휴일 休暇 휴가 休み 쉬는 날

 カタカナ 체크

ビール 맥주

ビール

カルビ 갈비

カルビ

ファンタジー 환타지

ファンタジー

• 아래의 글을 읽고 질문에 답해 보세요.

私は 田中美香です。日本人です。家族は 父と 母と 私です。兄弟は いません。私は 日本語の 先生です。今、一人で 韓国の ソウルに います。ソウルは 韓国で 一番に ぎやかな ところです。韓国語は まだ 上手 じゃありません。韓国には 友だちが 一人 います。友だちの 名前は パクハナです。 パクさんは 韓国人で、会社員です。パクさ んの家族は お父さんと お母さんと 妹が 二人、全部で 5人です。それから ペットも います。お父さんと お母さんは とても 親 切です。私は パクさんの 家族が とても 好きです。昨日は パクさんの お父さんの 誕 生日でした。楽しいパーティーでした。

(1) 田中さんは 今、家族と いっしょに ソウルに いますか。

_____

(2) 友だちの ハナさんは 何人兄弟ですか。

_____

(3) 昨日は 誰の 誕生日でしたか。

_____

- 公園 공원
- 木 나무
- 自転車 자전거
- ゴミ 쓰레기
- ゴミ箱 쓰레기통
- ほうき 빗자루
- 公衆電話 공중전화
- 売店 매점
- 橋 다리
- 雲 구름
- 空 하늘
- ボール 공
- カバン 가방
- かんビール 캔맥주
- 靴 구두
- スカート 스커트
- ネックレス 목걸이
- 新聞 신문
- お弁当 도시락
- おにぎり 주먹밥
- 犬 개
- 話す 말하다
- 寝る 자다
- 座る 앉다
- 乗る 타다
- 食べる 먹다
- 飲む 마시다
- 掃除する 청소하다
- 走る 달리다
- 電話を かける 전화를 걸다
- 腕時計 손목시계
- 汗 땀
- しばふ 잔디
- 散歩する 산책하다

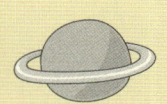

듣기 스크립트 및 정답

第02課 はじめまして

01

a. 私は 中村です。会社員です。

b. 私は 星です。大学生です。

c. 私は 鈴木です。主婦です。

d. 私は 森です。高校生です。

정답 a-④ b-③ c-① d-②

02

中村　はじめまして。中村です。どうぞ よろしく お願いします。

パク　はじめまして。パクユリです。こちらこそ どうぞ よろしく お願いします。中村さんは 学生さんですか。

中村　いいえ、私は 学生じゃありません。会社員です。

パク　そうですか、私も 会社員です。

정답 ①-X ②-X ③-○

第03課 それは 何ですか

01

① これは けいたいです。

② これは 車です。

③ これは 財布です。

④ これは 日本語の 辞書です。

정답 a-② b-④ c-① d-③

02

佐藤　田中さん！この けいたいは 田中さんの ですか。

田中　いいえ、私の じゃありません。鈴木さんの です。

佐藤　そうですか。じゃ、あれは 何ですか。

田中　あれは 財布です。

佐藤　あれは 誰の ですか。

田中　あの 財布は 私の です。

정답 ①-X ②-○ ③-○

第04課　いつの　コンサートですか

01

a. 田中さんの　約束は　3時　10分です。

b. 佐藤さんの　約束は　7時です。

c. 鈴木さんの　約束は　12時　5分です。

d. 星さんの　約束は　8時　半です。

정답

① 12：05 - 鈴木　　② 07：00 - 佐藤
③ 08：30 - 星　　　④ 03：10 - 田中

02

田中　佐藤さん！この　チケット　いつの　ですか。

佐藤　この　映画の　チケットは　四日の　です。

田中　そうですか。じゃ、水曜日の　チケットですね。

佐藤　いいえ、四日は　水曜日じゃありません。木曜日です。

정답

① - X　　② - X　　③ - ○

第05課　お菓子は　一つ　いくらですか

01

a. りんごは　一つです。

b. 友だちは　6人です。

c. ビールは　3本です。

d. コーヒーは　二杯です。

정답

a - 1つ　　　　b - 6人
c - 3本　　　　d - 2杯

02

佐藤　すみません。この　ジュースは　いくらですか。

店員　250円です。

佐藤　じゃ、この　お菓子も　250円ですか。

店員　いいえ、250円じゃありません。300円です。

佐藤 じゃ、お菓子 2つと ジュース
3本 ください。
全部で いくらですか。
店員 全部で 1350 円です。

정답　①- X　②- ○　③- ○

第06課 ハンサムで 演技が 上手な人です

01

佐藤 田中さん ここは どこですか。
田中 会社の 社長の 家です。
佐藤 田中さんの 会社の 社長は ど
んな 人ですか。
田中 まじめで 歌が 上手で ハンサ
ムな 人です。
佐藤 そうですか。うらやましいです
ね。私の 会社の 社長は ぜんぜ
ん ハンサムじゃありません。

정답　①- 社長の 家　②- 歌が 上手で

③- ハンサムじゃありません

02

佐藤 田中さん、これは いつの 写真
ですか。
田中 子供の 時の 写真です。
佐藤 田中さんは 子供の 時、勉強が
好きでしたか。
田中 いいえ、あまり 好きじゃあり
ませんでした。
佐藤 じゃ、何が 好きでしたか。
田中 私は サッカーが 好きでした。

정답　①- X　②- X　③- ○

第07課 恋人が いますか

01

田中 鈴木さんの 本は どこに あり
ますか。

鈴木　かばんの　中<ruby>なか</ruby>に　あります。
田中<ruby>たなか</ruby>　星<ruby>ほし</ruby>さんの　本<ruby>ほん</ruby>は　どこに　ありますか。
星<ruby>ほし</ruby>　椅子<ruby>いす</ruby>の　下<ruby>した</ruby>に　あります。
田中<ruby>たなか</ruby>　佐藤<ruby>さとう</ruby>さんの　本<ruby>ほん</ruby>は　どこに　ありますか。
佐藤<ruby>さとう</ruby>　ベッドの　上<ruby>うえ</ruby>に　あります。

정답
① 佐藤<ruby>さとう</ruby>　② 鈴木<ruby>すずき</ruby>　③ 星<ruby>ほし</ruby>

02

田中<ruby>たなか</ruby>さんの　お父<ruby>とう</ruby>さんは　今<ruby>いま</ruby>　車<ruby>くるま</ruby>の　中<ruby>なか</ruby>に　います。
田中<ruby>たなか</ruby>さんの　お母<ruby>かあ</ruby>さんは　本屋<ruby>ほんや</ruby>の　前<ruby>まえ</ruby>に　います。
田中<ruby>たなか</ruby>さんの　恋人<ruby>こいびと</ruby>は　田中<ruby>たなか</ruby>さんの　隣<ruby>となり</ruby>に　います。

정답
①-a　②-b　③-d

第08課　**時々<ruby>ときどき</ruby>　お酒<ruby>さけ</ruby>を　飲<ruby>の</ruby>みます**

01

パク　田中<ruby>たなか</ruby>さんは　明日<ruby>あした</ruby>　何<ruby>なに</ruby>を　しますか。
田中<ruby>たなか</ruby>　私<ruby>わたし</ruby>は　友<ruby>とも</ruby>だちと　いっしょに　映画<ruby>えいが</ruby>を　見<ruby>み</ruby>ます。
パク　星<ruby>ほし</ruby>さんは　明日<ruby>あした</ruby>　何<ruby>なに</ruby>を　しますか。
星<ruby>ほし</ruby>　私<ruby>わたし</ruby>は　日本語<ruby>にほんご</ruby>の　勉強<ruby>べんきょう</ruby>を　します。
パク　佐藤<ruby>さとう</ruby>さんは　明日<ruby>あした</ruby>　何<ruby>なに</ruby>を　しますか。
佐藤<ruby>さとう</ruby>　私<ruby>わたし</ruby>は　お酒<ruby>さけ</ruby>を　飲<ruby>の</ruby>みます。

정답
① 星<ruby>ほし</ruby>　② 田中<ruby>たなか</ruby>　③ 佐藤<ruby>さとう</ruby>

02

私<ruby>わたし</ruby>は　音楽<ruby>おんがく</ruby>が　とても　好<ruby>す</ruby>きです。それで　毎日<ruby>まいにち</ruby>　音楽<ruby>おんがく</ruby>を　聞<ruby>き</ruby>きます。また　私<ruby>わたし</ruby>は　映画<ruby>えいが</ruby>も　好<ruby>す</ruby>きです。それで　時々<ruby>ときどき</ruby>　友<ruby>とも</ruby>だちと　いっしょに　映画<ruby>えいが</ruby>を　見<ruby>み</ruby>ます。映画<ruby>えいが</ruby>は　だいたい　アメリカの　映画<ruby>えいが</ruby>を　見<ruby>み</ruby>ます。私<ruby>わたし</ruby>は　フランスの　映画<ruby>えいが</ruby>は　見<ruby>み</ruby>ません。

정답　①-○　②-X　③-○

第09課 毎日 6時に 起きます

01

▶月曜日は 恋人に 会います。
▶火曜日は お酒を 飲みます。
▶水曜日は 図書館に 行きます。
▶木曜日は 映画を 見ます。
▶金曜日は 掃除を します。

정답
① 水曜日　② 木曜日
③ 火曜日　④ 月曜日
⑤ 金曜日

02

私は 毎日 7時に 起きます。朝ご
飯は 食べません。それから バスで
学校に 行きます。学校では 9時から
5時まで 勉強を します。時々 家で

テレビを 見ます。私は ドラマは
見ません。だいたい ニュースを
見ます。

정답
① - X　② - ○　③ - X
④ - X　⑤ - X

第10課 いっしょに 映画を 見に 行きませんか

01

① 田中さん、明日 いっしょに ご飯を
　食べに 行きませんか。
② 佐藤さん、明日 いっしょに 買い物
　に 行きませんか。
③ 星さん、明日 いっしょに 本を 買
　いに 行きませんか。
④ 中村さん、明日 いっしょに 散歩
　に 行きませんか。

정답
① - ご飯を 食べに　② - 買い物に
③ - 本を 買いに　④ - 散歩に

02

昨日 私は デパートに 行きました。
デパートは バーゲンセールでした。
デパートで シャツと 靴を 買いました。家から デパートまで 車で 行きました。それから 友だちに 会いました。友だちと いっしょに コーヒーを 飲みました。友だちは コーヒーと いっしょに ケーキも 食べましたが、 私は 食べませんでした。11時に 地下鉄で 家に 帰りました。

정답

① - X　② - ○　③ - X

④ - X　③ - ○

EASY ICHIBAN 일본어 초급 1

초판발행	2010년 7월 25일
1판 17쇄	2024년 8월 9일

감수	김조웅
저자	박나리, 김선혜, 김선리, 田立いずみ
책임 편집	조은형, 김성은, 오은정, 무라야마 토시오
펴낸이	엄태상
콘텐츠 제작	김선웅, 장형진
마케팅	이승욱, 왕성석, 노원준, 조성민, 이선민
경영기획	조성근, 최성훈, 김다미, 최수진, 오희연
물류	정종진, 윤덕현, 신승진, 구윤주

펴낸곳	시사일본어사(시사북스)
주소	서울시 종로구 자하문로 300 시사빌딩
주문 및 교재 문의	1588-1582
팩스	0502-989-9592
홈페이지	www.sisabooks.com
이메일	book_japanese@sisadream.com
등록일자	1977년 12월 24일
등록번호	제 300-2014-92호

ISBN 978-89-402-7234-3 18730
       978-89-402-7238-1 18730 [set]

EASY
ICHIBAN
いちばん
일본어

저자 박나리, 김선혜, 김선리, 田立いずみ
감수 김조웅

초급 1

목차

일본어 문자와 발음

🔴 일본어 시작은 히라가나부터!!!

일본어를 익히려면 50음도표부터 외워야 해요. 50음도표이긴 하지만 실제 사용되지 않는 것을 빼면 46개랍니다. 가로로 '아이우에오'…, 세로로 '아카사타나하마야라와웅'… 하고 큰 소리로 읽어가며 외우세요.

히라가나 50음도표

단 행	あ	い	う	え	お
あ	あ a 아	い i 이	う u 우	え e 에	お o 오
か	か ka 카	き ki 키	く ku 쿠	け ke 케	こ ko 코
さ	さ sa 사	し shi 시	す su 스	せ se 세	そ so 소
た	た ta 타	ち chi 치	つ tsu 츠	て te 테	と to 토
な	な na 나	に ni 니	ぬ nu 누	ね ne 네	の no 노
は	は ha 하	ひ hi 히	ふ hu 후	へ he 헤	ほ ho 호
ま	ま ma 마	み mi 미	む mu 무	め me 메	も mo 모
や	や ya 야		ゆ yu 유		よ yo 요
ら	ら ra 라	り ri 리	る ru 루	れ re 레	ろ ro 로
わ	わ wa 와				を o 오
	ん ŋ 응				

○ 외래어는 가타카나로!!!

일본인들은 외래어를 많이 씁니다. 그 외래어를 표기하는 글자가 바로 가타카나! 가타카나만 읽을 줄 알아도 일본 잡지며 거리 간판의 반 이상은 이해할 수 있습니다. 또, 의성어·의태어와 강조하고 싶은 말에도 가타카나를 쓰니 히라가나와 함께 꼭 외워 둬야 합니다.

1-2

가타카나 50음도표

행＼단	ア	イ	ウ	エ	オ
ア	ア (a 아)	イ (i 이)	ウ (u 우)	エ (e 에)	オ (o 오)
カ	カ (ka 카)	キ (ki 키)	ク (ku 쿠)	ケ (ke 케)	コ (ko 코)
サ	サ (sa 사)	シ (shi 시)	ス (su 스)	セ (se 세)	ソ (so 소)
タ	タ (ta 타)	チ (chi 치)	ツ (tsu 츠)	テ (te 테)	ト (to 토)
ナ	ナ (na 나)	ニ (ni 니)	ヌ (nu 누)	ネ (ne 네)	ノ (no 노)
ハ	ハ (ha 하)	ヒ (hi 히)	フ (hu 후)	ヘ (he 헤)	ホ (ho 호)
マ	マ (ma 마)	ミ (mi 미)	ム (mu 무)	メ (me 메)	モ (mo 모)
ヤ	ヤ (ya 야)		ユ (yu 유)		ヨ (yo 요)
ラ	ラ (ra 라)	リ (ri 리)	ル (ru 루)	レ (re 레)	ロ (ro 로)
ワ	ワ (wa 와)				ヲ (o 오)
	ン (n 응)				

01

~は ~です

~은/는 ~입니다

◯ 명사는 단어 뒤에 「です」를 붙여서 공손한 말을 만든답니다.

▷ キムさんは 学生です。 김 씨는 학생입니다.

▷ 彼は 歌手です。 그는 가수입니다.

▷ 私は 韓国人です。 저는 한국인입니다.

02

~じゃ ありません

~이/가 아닙니다

◯ 부정을 하고 싶을 때는 단어 뒤에 「じゃありません」을 붙인답니다.

▷ 私は 木村じゃありません。 저는 기무라가 아닙니다.

▷ イさんは 医者じゃありません。 이 씨는 의사가 아닙니다.

▷ 中山さんは 大学生じゃありません。 나카야마 씨는 대학생이 아닙니다.

03

A	~ですか	~입니까?
B₁	はい、　~です	네, ~입니다
B₂	いいえ、~じゃ　ありません	아니요, ~이(가) 아닙니다

▷　キムさんは　会社員ですか。김 씨는 회사원입니까?

▷　A 林さんは　先生ですか。하야시 씨는 선생님입니까?

　　B₁ はい、私は　先生です。네, 저는 선생님입니다.

　　B₂ いいえ、私は　先生じゃありません。아니요, 저는 선생님이 아닙니다.

04

[정중형] + が　　　　　　　　~지만/인데

○「が」는 주격조사 '~이/가' 의 의미로도 사용하지만, 정중한 표현(~です、~ます)에
접속하여 서로 대비되는 문장을 연결할 때도 사용합니다.

▷　彼女は　学生ですが、彼は　学生じゃありません。

　　그녀는 학생이지만, 그는 학생이 아닙니다.

▷　林さんは　先生ですが、田中さんは　会社員です。

　　하야시 씨는 선생님이지만, 다나카 씨는 회사원입니다.

はじめまして

パク はじめまして。パクユリです。

どうぞ　よろしく　お願いします。

田中 はじめまして。　田中ひろしです。

こちらこそ　どうぞ　よろしく　お願いします。

パク 田中さんは　会社員ですか。

田中 いいえ、　会社員じゃありません。

私は　大学院生です。ユリさんは？

パク 私は　会社員です。

해석

처음 뵙겠습니다. 박유리입니다. 아무쪼록 잘 부탁
드립니다.

처음 뵙겠습니다. 다나카 히로시입니다 저야말로
잘 부탁 드립니다.

다나카 씨는 회사원입니까?

아니요, 회사원이 아닙니다. 저는 대학원생입니다.
유리 씨는요?

저는 회사원입니다.

듣기연습

01 다음 문장을 듣고 사람과 직업을 맞게 연결해 보세요. 🎧 1-25

> **시나리오**
>
> a. 私は 中村です。　会社員です。　　a.저는 나카무라입니다. 회사원입니다.
>
> b. 私は 星です。　　大学生です。　　b.저는 호시입니다. 대학생입니다.
>
> c. 私は 鈴木です。　主婦です。　　　c.저는 스즈키입니다. 주부입니다.
>
> d. 私は 森です。　　高校生です。　　d.저는 모리입니다. 고등학생입니다.

02 박유리와 나카무라의 대화를 듣고 맞는 문장에는 O, 틀린 표현에는 X를 하세요. 🎧 1-26

> **시나리오**
>
> | | | | |
> |---|---|---|---|
> | 中村 | はじめまして。中村です。どうぞ　よろしく　お願いします。 | 나카무라 | 처음 뵙겠습니다. 나카무라입니다. 아무쪼록 잘 부탁드립니다. |
> | パク | はじめまして。パクユリです。こちらこそ　どうぞよろしく　お願いします。中村さんは 学生さんですか。 | 박 | 처음 뵙겠습니다. 박유리입니다. 저야말로 잘 부탁드립니다. 나카무라 씨는 학생입니까? |
> | 中村 | いいえ、私は 学生じゃ ありません。会社員です。 | 나카무라 | 아니요, 저는 학생이 아닙니다. 회사원입니다 |
> | パク | そうですか。私も 会社員です。 | 박 | 그렇습니까? 저도 회사원입니다. |

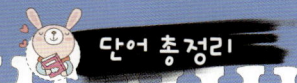

단어 총정리

체크 포인트 1-27

- ☐ 学生 학생
- ☐ 彼 그
- ☐ 歌手 가수
- ☐ 私 나, 저

- ☐ 韓国人 한국인
- ☐ 医者 의사
- ☐ 大学生 대학생
- ☐ ～さん ～씨

- ☐ 会社員 회사원
- ☐ 先生 선생님
- ☐ 彼女 그녀

문형 연습 1-28

- ☐ 大学院生 대학원생
- ☐ フリーター 프리터
- ☐ 日本語 일본어
- ☐ 医者 의사

- ☐ 日本人 일본인
- ☐ 部長 부장님
- ☐ 中学生 중학생
- ☐ 高校生 고등학생

- ☐ 俳優 배우
- ☐ 主婦 주부
- ☐ ちゃん 「さん」 대신 어린아이나 가까운 사람을 친근감있게 부르는 명칭

회화 본문 1-29

- ☐ はじめまして 처음 뵙겠습니다
- ☐ です ～입니다
- ☐ どうぞ 아무쪼록

- ☐ よろしく お願いします 잘 부탁드립니다
- ☐ 会社員 회사원
- ☐ ～は ～은/는

- ☐ はい 네
- ☐ いいえ 아니요
- ☐ じゃありません ～이/가 아닙니다

듣기 연습 1-30

- ☐ こちらこそ 저야말로
- ☐ そうですか 그렇습니까?
- ☐ ～も ～도

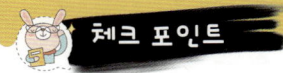

01

これ/それ/あれ/どれ   사물을 나타내는 지시어 (이것/그것/저것/어느 것)

▷ A これは 何ですか。이것은 무엇입니까?

　B それは コンピュータです。그것은 컴퓨터입니다.

▷ A それは 何ですか。그것은 무엇입니까?

　B これは 本です。이것은 책입니다.

▷ A あれは 何ですか。저것은 무엇입니까?

　B あれは 雑誌です。저것은 잡지입니다.

02

～の   ～의 / ～의 것

▷ A それは 何の 雑誌ですか。그것은 무슨 잡지입니까?

　B これは 映画の 雑誌です。이것은 영화(의) 잡지입니다.

▷ A これは キムさんの たばこですか。이것은 김 씨의 담배입니까?

　B いいえ、それは 私の じゃありません。아니요, 그것은 제 것이 아닙니다.

▷ A これは 誰の ですか。이것은 누구의 것입니까?

　B それは 友だちの です。그것은 친구의 것입니다.

03

ここ/そこ/あそこ/どこ　　장소를 나타내는 지시어 (여기/거기/저기/어디)

▷　A あそこは　どこですか。저기는 어디입니까?

　　B あそこは　ヨイドです。저기는 여의도입니다

▷　A 家<ruby>いえ</ruby>は　どこですか。집은 어디입니까?

　　B 家<ruby>いえ</ruby>は　カンナムです。집은 강남입니다

04

この/その/あの/どの　　뒤에 명사를 붙여서 사용하는 지시어 (이/그/저/어느)

▷　A この　本<ruby>ほん</ruby>は　誰<ruby>だれ</ruby>の　ですか。이 책은 누구의 것입니까?

　　B その　本<ruby>ほん</ruby>は　中山<ruby>なかやま</ruby>さんの　です。그 책은 나카야마 씨의 것입니다

▷　A あの　人<ruby>ひと</ruby>は　誰<ruby>だれ</ruby>ですか。저 사람은 누구입니까?

　　B あの　人<ruby>ひと</ruby>は　私<ruby>わたし</ruby>の　恋人<ruby>こいびと</ruby>です。저 사람은 제 애인입니다.

それは　何^{なん}ですか

それは　何ですか

田中 ユリさん　こんにちは。それは　何^{なん}ですか。

パク こんにちは。これは　PMPです。

田中 へえー。すごいですね。ユリさんの　PMPですか。

パク いいえ、私^{わたし}の　じゃありません。

田中 誰^{だれ}の　ですか。

パク 恋人^{こいびと}の　です。

それは何ですか。

해석

유리 씨 안녕하세요? 그것은 무엇인가요?

안녕하세요? 이것은 PMP 예요.

우와, 멋지네요. 유리 씨의 PMP 입니까?

아니요, 제 것이 아니에요.

그럼, 누구 것인가요?

애인 것이에요.

듣기연습

01 다음 문장을 듣고 이것은 무엇인지 그림에 번호를 써 보세요.

> **시나리오**
>
> ① これは　けいたいです。
> ② これは　車です。
> ③ これは　財布です。
> ④ これは　日本語の　辞書です。
>
> ① 이것은 핸드폰입니다.
> ② 이것은 자동차입니다.
> ③ 이것은 지갑입니다.
> ④ 이것은 일본어 사전입니다.

02 사토와 다나카의 대화를 듣고 맞는 문장에는 O, 틀린 문장에는 X를 하세요.

> **시나리오**
>
> | | | | |
> |---|---|---|---|
> | 佐藤 | 田中さん！この　けいたいは　田中さんの　ですか。 | 사토 | 다나카 씨! 이 핸드폰 다나카 씨 것입니까? |
> | 田中 | いいえ、私の　じゃありません。鈴木さんの　です。 | 다나카 | 아니요, 제 것이 아닙니다. 스즈키 씨 것입니다. |
> | 佐藤 | そうですか。じゃ、あれは　何ですか。 | 사토 | 그래요? 그럼, 저것은 무엇입니까? |
> | 田中 | あれは　財布です。 | 다나카 | 저것은 지갑입니다. |
> | 佐藤 | あれは　誰の　ですか。 | 사토 | 저것은 누구의 것입니까? |
> | 田中 | あの　財布は　私の　です。 | 다나카 | 저 지갑은 제 것입니다. |

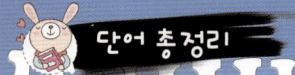

체크 포인트 1-35

☐ コンピュータ 컴퓨터
☐ 本^{ほん} 책
☐ 雑誌^{ざっし} 잡지
☐ の ~의, ~의 것

☐ 映画^{えいが} 영화
☐ たばこ 담배
☐ 誰^{だれ} 누구
☐ 家^{いえ} 집

☐ 友^{とも}だち 친구
☐ 大学^{だいがく} 대학교
☐ 恋人^{こいびと} 애인
☐ 人^{ひと} 사람

문형연습 1-36

☐ 電子辞書^{でんしじしょ} 전자사전
☐ 新聞^{しんぶん} 신문
☐ ペン 펜
☐ 学校^{がっこう} 학교

☐ 本屋^{ほんや} 서점
☐ デパート 백화점
☐ 映画館^{えいがかん} 영화관
☐ かばん 가방

☐ けいたい 핸드폰
☐ 車^{くるま} 자동차
☐ 傘^{かさ} 우산

회화 본문 1-37

☐ こんにちは 안녕하세요?
　(낮 인사)

☐ 何^{なん} 무엇

☐ すごいです 굉장합니다,
　멋있습니다

듣기 연습 1-38

☐ 財布^{さいふ} 지갑

☐ 辞書^{じしょ} 사전

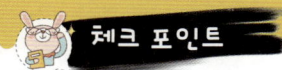

체크 포인트

01

何時　何分ですか　　　　　　　　　　　몇 시 몇 분입니까?

▷ A　今、何時ですか。　　지금, 몇 시입니까?

　　B　4時　20分です。　　4시 20분입니다.

02

~から　~まで　　　　　　　　　　　　~부터 ~까지

▷　昼休みは　12時から　1時までです。　　점심 시간은 12시부터 1시까지 입니다.

▷ A　お仕事は　何時から　何時までですか。일은 몇 시부터 몇 시까지입니까?

　　B　仕事は　9時から　6時までです。　　일은 9시부터 6시까지입니다.

03

何曜日ですか　　　　　　　　　　　무슨 요일입니까?

▷ A　今日は　何曜日ですか。　　오늘은 무슨 요일입니까?

　　B　今日は　土曜日です。　　오늘은 토요일입니다.

04

何月　何日ですか　　　　　　　　　　　몇 월 며칠입니까?

▷ A 今日は　何月　何日ですか。　오늘은 몇월 며칠입니까?

　B 今日は　9月　1日です。　오늘은 9월 1일입니다.

▷ A 林さんの　お誕生日は　いつですか。

　　하야시 씨의 생일은 언제입니까?

　B 私の　誕生日は　1月　29日です。

　　제 생일은 1월 29일입니다.

05

~でした　　　　　　　　　　　　　~이었습니다

~じゃありませんでした　　　　　　~이/가 아니었습니다

○ 「명사 + でした」는 과거 표현을, 「명사 + じゃありませんでした」는 부정 표현을 나타냅니다.

▷ 昨日は　私の　誕生日でした。어제는 제 생일이었습니다.

▷ A 昨日は　お休みでしたか。　어제는 쉬는 날이었습니까?

　B いいえ、休みじゃありませんでした。아니요, 쉬는 날이 아니었습니다.

いつの　コンサートですか

田中 それ、何のチケットですか。

パク あ!　これですか、コンサートの　チケットです。

田中 誰の　コンサートですか。

パク ジャッスンさんの　コンサートです。

田中 そうですか、いつですか。

パク 金曜日です。

田中 何時から　何時までですか。

パク 午後　7時から　9時までです。

田中 場所は　どこですか。

パク オリンピック公園です。

🖊 해석

그거 무슨 티켓이에요?

아, 이거 말인가요? 콘서트 티켓이에요.

누구 콘서트예요?

잭슨 씨의 콘서트예요

그래요? 언제예요?

금요일이에요.

몇 시부터 몇 시까지예요?

오후 7시부터 9시까지예요.

장소는 어디예요?

올림픽공원이에요.

01 다음 문장을 듣고 누구의 약속 시간인지 시계 그림에 이름을 써 보세요.

a. 田中さんの　約束は　3時　10分です。	a.다나카 씨의 약속은 3시 10분입니다.
b. 佐藤さんの　約束は　7時です。	b.사토 씨의 약속은 7시 입니다.
c. 鈴木さんの　約束は　12時　5分です。	c.스즈키 씨의 약속은 12시 5분 입니다.
d. 星さんの　約束は　8時　半です。	d.호시 씨의 약속은 8시 반 입니다.

02 사토와 다나카의 대화를 듣고 맞는 문장에는 O, 틀린 문장에는 X를 하세요.

田中	佐藤さん！この　チケット　いつの　ですか。	다나카	사토 씨! 이 티켓 언제 거예요?
佐藤	この　映画の　チケットは　4日の　です。	사토	이 영화 티켓은 4일 것입니다.
田中	そうですか。じゃ　水曜日の　チケットですね。	다나카	그렇습니까? 그럼 수요일 티켓 이군요.
佐藤	いいえ、4日は　水曜日じゃ　ありません。木曜日です。	사토	아니요, 4일은 수요일이 아닙니다. 목요일입니다.

단어 총정리 　第04課　いつの　コンサートですか

 체크 포인트 🎧 1-43

☐ 今 지금
☐ 何時 몇 시
☐ 何分 몇 분
☐ 昼休み 점심시간
☐ 仕事 일

☐ 何曜日 무슨 요일
☐ 今日 오늘
☐ 何月 몇 월
☐ 何日 며칠
☐ 誕生日 생일

☐ いつ 언제
☐ 昨日 어제
☐ 休み 휴일

 문형연습 🎧 1-44

☐ すみません 죄송합니다,
　　　　　　　실례합니다
☐ バレンタインデー 밸런타
　　　　　　　　　인데이

☐ お正月 정월, 설날
☐ ホワイトデー 화이트데이
☐ こどもの 日 어린이 날

☐ クリスマス 크리스마스
☐ 授業 수업

 회화 본문 🎧 1-45

☐ コンサート 콘서트
☐ チケット 티켓

☐ 午後 오후
☐ 場所 장소

☐ オリンピック 올림픽
☐ 公園 공원

 듣기 연습 🎧 1-46

☐ 約束 약속
☐ ミュージカル 뮤지컬
☐ ～半 ～반

01

いくらですか　　　　　　　　　　얼마입니까?

▷ A これは　**いくらですか。** 이것은 얼마입니까?

B 1,500円です。 1,500 엔입니다.

▷ A この　本は　**いくらですか。** 이 책은 얼마입니까?

B 3,000円です。　 3,000 엔입니다.

02

何人ですか　　　　　　　　　　　몇 명입니까?

▷ A 男の人は　**何人ですか。** 남자는 몇 명입니까?

B 2人です。 두 명입니다

▷ A 何人家族ですか。 몇 식구입니까?

B 5人家族です。 다섯식구입니다.

03

いくつですか　　　　　　　　　　　　　몇 개입니까?

▷　A　全部で　いくつですか。전부해서 몇 개입니까?

　　B　三つです。　세 개입니다.

▷　一つ、1万円です。한 개, 만 엔입니다.

04

～ください　　　　　　　　　　　　　～주세요

▷　コーヒー　ください。커피 주세요.

▷　ハンバーガー　三つと　コーラ　一本　ください。
　　햄버거 세 개와 콜라 한 병 주세요.

▷　もう　一つ　ください。하나 더 부탁합니다.

お菓子は　一つ　いくらですか

パク すみません、この　お菓子は　一つ　いくら
ですか。

店員 それは　一つ　１５０円です。

パク じゃ、　あれは　一つ　いくらですか。

店員 あれは　一つ　２００円です。

パク じゃ、これ　三つと　あれと　二つ　ください。
全部で　いくらですか。

店員 ８５０円です。

パク はい。(천 엔을 낸다)

店員 ありがとう　ございます。
１５０円の　おつりです。

해석

저기요, 이 과자는 한 개에 얼마예요?

그것은 한 개에 150 엔입니다.

그럼, 저것은 한 개에 얼마예요?

저것은 한 개에 200 엔입니다.

그럼, 이거 3개랑 저거 2개 주세요.
전부 해서 얼마죠?

전부해서 850 엔입니다.

네.

감사합니다. 거스름돈 150 엔입니다.

듣기연습

01 다음 문장을 듣고 숫자를 써 보세요. 1-49

> 시나리오

a. りんごは 一つです。	a.사과는 한 개입니다.
b. 友だちは 六人です。	b.친구는 여섯 명입니다.
c. ビールは 三本です。	c.맥주는 세 병입니다.
d. コーヒーは 二杯です。	d.커피는 세 잔입니다.

02 사토와 점원의 대화를 듣고 맞는 문장에는 O, 틀린 문장에는 X를 하세요. 1-50

> 시나리오

佐藤	すみません。この ジュース は いくらですか。	사토	실례합니다. 이 주스는 얼마 입니까?
店員	２５０円です。	점원	250엔입니다.
佐藤	じゃ、この お菓子も ２５０円ですか。	사토	그럼, 이 과자도 250엔입니까?
店員	いいえ、２５０円じゃありま せん。３００円です。	점원	아니요, 250엔이 아닙니다 300엔 입니다.
佐藤	じゃ、お菓子 ２つと ジュース ３本 ください。 全部で いくらですか。	사토	그럼, 과자 2개와 주스 3병 주 세요. 전부 얼마입니까?
店員	全部で １,３５０円です。	점원	전부해서 1,350엔입니다.

단어 총정리 第05課 お菓子は 一つ いくらですか

체크 포인트 1-51

- ☐ 男の人 남자
- ☐ 家族 가족
- ☐ 全部で 전부해서
- ☐ コーヒー 커피
- ☐ ハンバーガー 햄버거
- ☐ コーラ 콜라

문형연습 1-52

- ☐ えんぴつ 연필
- ☐ たばこ 담배
- ☐ 雑誌 잡지
- ☐ ジュース 주스
- ☐ ラーメン 라면
- ☐ 子供 아이
- ☐ 女の人 여자
- ☐ ビール 맥주

회화 본문 1-53

- ☐ すみません 저기요, 실례합니다
- ☐ お菓子 과자
- ☐ いくらですか 얼마입니까?
- ☐ 一つ 한 개
- ☐ 円 엔 (일본 화폐 단위)
- ☐ 三つ 세 개
- ☐ と ~와, ~과, ~랑
- ☐ 二つ 두 개
- ☐ ください 주세요
- ☐ 全部で 전부해서
- ☐ おつり 잔돈

듣기 연습 1-54

- ☐ りんご 사과
- ☐ 銀行 은행

01

~だ → ~です
~だ → ~じゃありません

~(ㅂ)니다
~지 않습니다

○ ナ형용사의 정중형은 「〜です」를 붙여서 긍정 표현을, 「〜じゃありません」을 붙여서 부정 표현을 만든답니다.

▷ A キムさんの 部屋は きれいですか。 김 씨의 방은 깨끗합니까?

B いいえ、私の 部屋は あまり きれいじゃありません。
아니요, 제 방은 별로 깨끗하지 않습니다.

▷ A お仕事、大変ですか。 일, 힘듭니까?

B はい、すこし 大変です。 네, 조금 힘듭니다.

02

~だ → ~でした
~だ → ~じゃありませんでした

~(ㅆ)습니다
~지 않았습니다

○ ナ형용사 정중형의 과거는 「〜でした」를, 부정의 과거는 「〜じゃありません でした」를 붙인답니다.

▷ 昨日は とても 暇でした。 어제는 매우 한가했습니다

▷ A ホテルは どうでしたか 。 호텔은 어땠습니까?

B とても きれいでした。 아주 깨끗했습니다.

▷ 昔は キムチが 好きじゃありませんでした。 옛날에는 김치를 좋아하지 않았습니다.

03

~だ → ~で
~하고(문장의 중지)/해서(원인 · 이유)

▷ この町は 便利で、にぎやかです。 이 마을은 교통이 편리하고 번화합니다.

▷ 林さんは まじめで、私は 好きです。 하야시 씨는 성실해서 저는 좋아합니다.

04

~だ → ~な＋[名詞]
~한 ~ / ~하는 + [명사]

○ ナ形容詞が名詞を修飾する時は語尾「~だ」が「~な」に変わるのでこのような理由でナ形容詞という名前が生まれました。

▷ ここは 静かな 町です。 여기는 조용한 마을입니다.

▷ これは 私が 好きな 本です。 이것은 제가 좋아하는 책입니다.

▷ 彼は とても まじめで、親切な 人です。 그는 매우 성실하고 친절한 사람입니다.

05

~の中で ~が 一番 ~です
~중에서 ~이 제일 ~(ㅂ)니다

○ 어떤 범위 안에서 가장 최고인 것을 나타내는 최상급 표현입니다.

▷ A 食べ物の中で 何が 一番 好きですか。 음식 중에서 어떤 것이 가장 좋습니까?

 B 日本の ラーメンが 一番 好きです。 일본 라면이 가장 좋습니다.

▷ A クラスの中で 誰が 一番 優しいですか。 클래스에서 누가 가장 상냥합니까?

 B キムさんが 一番 優しいです。 김 씨가 가장 상냥합니다.

ハンサムで　演技が　上手な　人です

<small>えん　ぎ</small>　<small>じょう　ず</small>　<small>ひと</small>

> パク　田中さん、　好きな　俳優は　誰ですか。
> <small>た　なか</small>　　<small>す</small>　　<small>はいゆう</small>　　<small>だれ</small>

> 田中　私が　一番　好きな　俳優は　Kです。
> <small>わたし</small>　<small>いちばん</small>　<small>す</small>　<small>はいゆう</small>

> パク　Kは　男の人ですか。
> <small>おとこ　ひと</small>

> 田中　ええ、そうです。

> パク　有名な　人ですか。
> <small>ゆうめい</small>　<small>ひと</small>

> 田中　ええ、昔は　有名でした。でも　今は　あまり
> <small>むかし</small>　<small>ゆうめい</small>　　<small>いま</small>
> 有名じゃありません。
> <small>ゆうめい</small>

> パク　どんな　俳優ですか。
> <small>はいゆう</small>

> 田中　彼は　ハンサムで　演技が
> <small>かれ</small>　　<small>えん　ぎ</small>
> 上手な　人です。
> <small>じょう　ず</small>　<small>ひと</small>

해석

다나카 씨 좋아하는 배우는 누구예요?

제가 제일 좋아하는 배우는 K예요.

K는 남자인가요?

네, 그래요.

유명한 사람인가요?

네, 옛날에는 유명했지만 지금은 별로 유명하지 않아요.

어떤 배우예요?

그는 잘생기고 연기를 잘하는 사람이에요.

듣기연습

01 다음의 대화를 듣고 _____ 친 부분을 써 보세요.

佐藤	田中さん ここは どこですか。
田中	会社の 社長の 家です。
佐藤	田中さんの 会社の 社長は どんな 人ですか。
田中	まじめで 歌が 上手で ハンサムな 人です。
佐藤	そうですか。うらやましいですね。私の 会社の 社長は ぜんぜん ハンサムじゃありません。

사토 다나카 씨 여기는 어디입니까?

다나카 회사 사장님의 집입니다.

사토 다나카 씨의 회사 사장님은 어떤 사람입니까?

다나카 성실하고 노래를 잘 부르고 잘 생긴 사람입니다.

사토 그래요. 부럽군요. 제가 다니는 회사의 사장님은 전혀 잘 생기지 않았습니다.

02 사토와 다나카의 대화를 듣고 맞는 문장에는 O, 틀린 문장에는 X를 하세요.

佐藤	田中さん、これは いつの 写真ですか。
田中	子供の 時の 写真です。
佐藤	田中さんは 子供の 時 勉強が 好きでしたか。
田中	いいえ、あまり 好きじゃありませんでした。
佐藤	じゃ 何が 好きでしたか。
田中	私は サッカーが 好きでした。

사토 다나카 씨 이것은 언제 사진입니까?

다나카 어린 시절 사진입니다.

사토 다나카 씨는 어린 시절 공부를 좋아했습니까?

다나카 아니요, 그다지 좋아하지 않았습니다.

사토 그럼 무엇을 좋아했나요?

다나카 저는 축구를 좋아했습니다.

단어 총정리

- □ 部屋 방
- □ きれいだ 예쁘다, 깨끗하다
- □ 大変だ 힘들다
- □ すこし 조금
- □ コーヒー 커피
- □ 好きだ 좋아하다
- □ 暇だ 한가하다

- □ ホテル 호텔
- □ とても 매우
- □ 昔 예전, 옛날
- □ キムチ 김치
- □ 交通 교통
- □ 便利だ 편리하다
- □ まじめだ 성실하다

- □ 静かだ 조용하다
- □ 町 마을
- □ 親切だ 친절하다
- □ 食べ物 음식
- □ ラーメン 라면
- □ 優しい 상냥하다
- □ 元気だ 활발하다, 건강하다

- □ デパート 백화점
- □ 店員 점원
- □ ハンサムだ 잘생기다, 핸섬하다
- □ 図書館 도서관
- □ 明日 내일
- □ 部屋 방

- □ 歌 노래
- □ あまり 별로, 그다지
- □ スポーツ 스포츠
- □ サッカー 축구
- □ 一番 제일
- □ 果物 과일
- □ 季節 계절

- □ 春 봄
- □ 有名だ 유명하다
- □ ところ 곳
- □ 店 가게
- □ 物 물건
- □ キョンジュ 경주
- □ 地下鉄 지하철

- □ 俳優 배우
- □ 一番 제일

- □ 有名だ 유명하다
- □ どんな 어떤

- □ 演技 연기
- □ 上手だ 잘한다

- □ 会社 회사
- □ 社長 사장
- □ うらやましい 부럽다

- □ ぜんぜん 전혀
- □ 写真 사진
- □ 時 때

- □ 勉強 공부

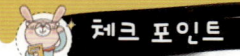
01

~が　あります　　　　　　　~이/가 있습니다
~は　ありません　　　　　　~은/는 없습니다

○ 「あります」는 사물이나 식물처럼 스스로 이동하지 못하는 것, 즉 동작성이 없는 것에
　대한 존재의 유무를 나타냅니다.

▷　けいたいが　あります。 핸드폰이 있습니다.

▷　私の　パソコンは　ありません。 제 컴퓨터는 없습니다.

▷　A　質問が　ありますか。 질문이 있습니까?

　　B　いいえ、質問は　ありません。 아니요, 질문은 없습니다

02

~に ~が　あります　　　　　~에 ~이/가 있습니다

○ 「に」는 존재의 장소를 나타내는 조사입니다.

▷　あそこに　私の　車が　あります。 저기에 제 차가 있습니다.

▷　家の　近くに　コンビニが　あります。 집 근처에 편의점이 있습니다.

▷　かばんの　中に　財布が　あります。 가방 안에 지갑이 있습니다.

03

~と ~が あります ~와/과 ~이/가 있습니다

▷ A 机の 上に 何が ありますか。 책상위에 무엇이 있습니까?
つくえ うえ なに

B 本と ノートが あります。 책과 노트가 있습니다.
ほん

▷ A 会社の 近くに 何が ありますか。 회사 근처에 무엇이 있습니까?
かいしゃ ちか なに

B コンビニや レストランなどが あります。 편의점과 레스토랑 등이 있습니다.

04

~は どこに ありますか ~는 어디에 있습니까?

▷ A 本屋は どこに ありますか。 서점은 어디에 있습니까?
ほんや

B あそこの コンビニの 後ろに あります。 저 편의점 뒤에 있습니다.
うし

▷ A ノートは どこに ありますか。 노트는 어디에 있습니까?

B 机の 上に あります。 책상 위에 있습니다.
つくえ うえ

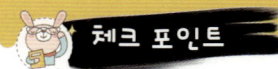

05

~が　います　　　　　　　~이/가 있습니다
~は　いません　　　　　　~은/는 없습니다

○ 「います」는 사람이나 동물처럼 스스로 이동하는 것, 즉 동작성이 있는 것에 대한 존재의 유무를 나타냅니다.

▷ 恋人（こいびと）が　います。애인이 있습니다.

▷ ペットが　いますか。애완동물이 있습니까?

▷ A 教室（きょうしつ）に　誰（だれ）が　いますか。교실에 누가 있습니까?

　 B キムさんと　イさんが　います。パクさんは　いません。

　 김 씨와 이 씨가 있습니다. 박 씨는 없습니다.

06

~は　どこに　いますか　　　　~는 어디에 있습니까?

▷ A パクさんは　どこに　いますか。박 씨는 어디에 있습니까?

　 B パクさんは　本屋（ほんや）の　前（まえ）に　います。박 씨는 서점 앞에 있습니다

▷ A 今（いま）、鈴木（すずき）さんは　どこに　いますか。지금 스즈키 씨는 어디에 있습니까?

　 B 隣（となり）の　部屋（へや）に　います。옆 방에 있습니다.

07

<ruby>家族<rt>か ぞく</rt></ruby>	가족

	자기 가족을 남에게 말할 때	남의 가족을 말할 때	우리 가족을 부를 때
가족	<ruby>家族<rt>か ぞく</rt></ruby>	ご<ruby>家族<rt>か ぞく</rt></ruby>	·
할아버지	<ruby>祖父<rt>そ ふ</rt></ruby>	おじいさん	おじいさん
할머니	<ruby>祖母<rt>そ ぼ</rt></ruby>	おばあさん	おばあさん
아버지	<ruby>父<rt>ちち</rt></ruby>	お<ruby>父<rt>とう</rt></ruby>さん	お<ruby>父<rt>とう</rt></ruby>さん
어머니	<ruby>母<rt>はは</rt></ruby>	お<ruby>母<rt>かあ</rt></ruby>さん	お<ruby>母<rt>かあ</rt></ruby>さん
형/오빠	<ruby>兄<rt>あに</rt></ruby>	お<ruby>兄<rt>にい</rt></ruby>さん	お<ruby>兄<rt>にい</rt></ruby>さん
누나/언니	<ruby>姉<rt>あね</rt></ruby>	お<ruby>姉<rt>ねえ</rt></ruby>さん	お<ruby>姉<rt>ねえ</rt></ruby>さん
남동생	<ruby>弟<rt>おとうと</rt></ruby>	<ruby>弟<rt>おとうと</rt></ruby>さん	이름
여동생	<ruby>妹<rt>いもうと</rt></ruby>	<ruby>妹<rt>いもうと</rt></ruby>さん	이름
형제/자매	<ruby>兄弟<rt>きょうだい</rt></ruby>	ご<ruby>兄弟<rt>きょうだい</rt></ruby>	·
남편	<ruby>主人<rt>しゅじん</rt></ruby>/<ruby>夫<rt>おっと</rt></ruby>	ご<ruby>主人<rt>しゅじん</rt></ruby>	다양하게 호칭
아내	<ruby>家内<rt>か ない</rt></ruby>/<ruby>妻<rt>つま</rt></ruby>	<ruby>奥<rt>おく</rt></ruby>さん	
부모님	<ruby>両親<rt>りょうしん</rt></ruby>/<ruby>親<rt>おや</rt></ruby>	ご<ruby>両親<rt>りょうしん</rt></ruby>	·
아들	<ruby>息子<rt>むすこ</rt></ruby>	<ruby>息子<rt>むすこ</rt></ruby>さん	이름
딸	<ruby>娘<rt>むすめ</rt></ruby>	<ruby>娘<rt>むすめ</rt></ruby>さん	이름
아이	<ruby>子<rt>こ</rt></ruby>/<ruby>子供<rt>こ ども</rt></ruby>	お<ruby>子<rt>こ</rt></ruby>さん	·
손자/손녀	<ruby>孫<rt>まご</rt></ruby>	お<ruby>孫<rt>まご</rt></ruby>さん	이름

▷ A <ruby>何人<rt>なんにん</rt></ruby><ruby>家族<rt>か ぞく</rt></ruby>ですか。 몇 식구입니까?

　 B 4<ruby>人<rt>よにん</rt></ruby><ruby>家族<rt>か ぞく</rt></ruby>です。 4식구입니다.

▷ A <ruby>お母<rt>かあ</rt></ruby>さんは どんな <ruby>方<rt>かた</rt></ruby>ですか。 어머니는 어떤 분이십니까?

　 B <ruby>母<rt>はは</rt></ruby>は <ruby>料理<rt>りょうり</rt></ruby>が <ruby>上手<rt>じょうず</rt></ruby>で <ruby>静<rt>しず</rt></ruby>かな <ruby>人<rt>ひと</rt></ruby>です。 어머니는 요리를 잘하고 조용한
　　　 사람입니다.

恋人が いますか <small>こいびと</small> 🎧 2-11

パク	田中さんの 家族は 何人家族ですか。
田中	4人家族です。父と 母と 姉と 私です。
パク	お姉さんの お仕事は 何ですか。
田中	姉は 高校の 先生です。
パク	お姉さんの 学校は どこに ありますか。
田中	家の 近くに あります。
パク	お姉さんは 恋人が いますか。
田中	ええ、とても ハンサムな 恋人が いますよ。
パク	うらやましいですね。

해석

다나카 씨의 가족은 몇 명이에요?

4명이에요. 아버지랑 어머니랑 누나랑 저예요.

누님의 직업은 무엇이에요?

누나는 고등학교 선생님이에요.

누님 학교는 어디에 있어요?

집 근처에 있어요.

누님은 애인이 있어요?

네, 굉장히 잘생긴 애인이 있어요.

부럽네요.

01 다음 대화를 듣고 ( ) 안에 누구의 것인지 이름을 써 주세요.

田中（たなか）	鈴木（すずき）さんの 本（ほん）は どこに ありますか。
鈴木（すずき）	かばんの 中（なか）に あります。
田中（たなか）	星（ほし）さんの 本（ほん）は どこに あ りますか。
星（ほし）	椅子（いす）の 下（した）に あります。
田中（たなか）	佐藤（さとう）さんの 本（ほん）は どこにあ りますか。
佐藤（さとう）	ベッドの 上（うえ）に あります。

다나카 스즈키 씨의 책은 어디에 있습니까?

스즈키 가방 속에 있습니다.

다나카 호시 씨의 책은 어디에 있습니까?

호시 의자 밑에 있습니다.

다나카 사토 씨의 책은 어디에 있습니까?

사토 침대 위에 있습니다.

02 다음 문장을 듣고 질문에 답해 보세요.

田中（たなか）さんの お父（とう）さんは 今（いま） 車（くるま）の 中（なか）に います。	다나카 씨의 아버지는 지금 차 안에 있습니다.
田中（たなか）さんの お母（かあ）さんは 本屋（ほんや）の 前（まえ）に います。	다나카 씨의 어머니는 서점 앞에 있습니다.
田中（たなか）さんの 恋人（こいびと）は 田中（たなか）さんの 隣（となり）に います。	다나카 씨의 애인은 다나카 씨의 옆에 있습니다.

체크 포인트 `2-14`

- [ ] けいたい 휴대전화
- [ ] パソコン 컴퓨터
- [ ] <ruby>質問<rt>しつもん</rt></ruby> 질문
- [ ] <ruby>車<rt>くるま</rt></ruby> 자동차
- [ ] <ruby>家<rt>いえ</rt></ruby> 집
- [ ] <ruby>近<rt>ちか</rt></ruby>く 근처

- [ ] コンビニ 편의점
- [ ] <ruby>財布<rt>さいふ</rt></ruby> 지갑
- [ ] <ruby>机<rt>つくえ</rt></ruby> 책상
- [ ] ノート 노트
- [ ] <ruby>会社<rt>かいしゃ</rt></ruby> 회사
- [ ] レストラン 레스토랑

- [ ] <ruby>本屋<rt>ほんや</rt></ruby> 책방
- [ ] ペット 애완동물
- [ ] <ruby>教室<rt>きょうしつ</rt></ruby> 교실
- [ ] <ruby>家族<rt>かぞく</rt></ruby> 가족
- [ ] お<ruby>母<rt>かあ</rt></ruby>さん 어머니
- [ ] <ruby>料理<rt>りょうり</rt></ruby> 요리

문형연습 `2-15`

- [ ] <ruby>時計<rt>とけい</rt></ruby> 시계
- [ ] トイレ 화장실
- [ ] エレベーター 엘리베이터
- [ ] バス<ruby>停<rt>てい</rt></ruby> 버스정류장
- [ ] ビル 빌딩

- [ ] <ruby>薬屋<rt>くすりや</rt></ruby> 약국
- [ ] <ruby>地下<rt>ちか</rt></ruby> 지하
- [ ] <ruby>地下鉄<rt>ちかてつ</rt></ruby> 지하철
- [ ] <ruby>駅<rt>えき</rt></ruby> 역
- [ ] <ruby>電話<rt>でんわ</rt></ruby> 전화

- [ ] <ruby>花<rt>はな</rt></ruby> 꽃
- [ ] <ruby>犬<rt>いぬ</rt></ruby> 개
- [ ] テーブル 테이블

회화 본문 `2-16`

- [ ] <ruby>家族<rt>かぞく</rt></ruby> 가족
- [ ] <ruby>4人<rt>よにん</rt></ruby> 네 명
- [ ] <ruby>父<rt>ちち</rt></ruby> 아빠
- [ ] <ruby>母<rt>はは</rt></ruby> 엄마

- [ ] <ruby>姉<rt>あね</rt></ruby> 언니, 누나
- [ ] お<ruby>姉<rt>ねえ</rt></ruby>さん 언니, 누님
- [ ] お<ruby>仕事<rt>しごと</rt></ruby> 일, 직업
- [ ] <ruby>高校<rt>こうこう</rt></ruby> 고등학교

- [ ] とても 매우, 굉장히
- [ ] うらやましい 부럽다
- [ ] ね ~군요, ~지요?

듣기 연습 `2-17`

- [ ] <ruby>椅子<rt>いす</rt></ruby> 의자
- [ ] <ruby>下<rt>した</rt></ruby> 아래

- [ ] ベッド 침대
- [ ] <ruby>上<rt>うえ</rt></ruby> 위

- [ ] お<ruby>父<rt>とう</rt></ruby>さん (다른 사람의) 아버지

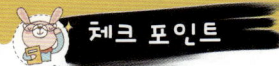

01

일본어의 동사

○ 동사의 어미는 「う, く, ぐ, す, つ, ぬ, む, ぶ, る」 이렇게 모두 9개로, 「う」단으로
끝나는 것이 특징이며, 1, 2, 3그룹 동사로 나눌 수 있습니다.

1그룹 동사		
①「る」로 끝나지 않는 모든 동사	買う 사다 死ぬ 죽다 遊ぶ 놀다 泳ぐ 헤엄치다	待つ 기다리다 飲む 마시다 行く 가다 話す 이야기하다
②「る」로 끝났을 경우, 앞이 [a], [u], [o]음인 동사	わかる 알다/이해하다 乗る 타다	売る 팔다
③예외 동사 – 형태는 2그룹이지만 1그룹 활용 을 하는 동사	帰る (집으로) 돌아가다/돌아오다 入る 들어가다/들어오다 切る 자르다	走る 달리다 知る 알다
2그룹 동사		
「る」로 끝나고 앞의 음이 [i], [e]로 끝나는 동사 –예외적으로 1그룹 활용을 하는 동 사도 있다(1그룹 동사 ③참조)	見る 보다 食べる 먹다	起きる 일어나다 寝る 자다
3그룹 동사		
2개 밖에 없으므로 무조건 외운다.	来る 오다	する 하다

02

동사의 ます형

○ 동사는 「ます」를 붙여서 공손한 말을 만듭니다. 부정문은 「ません」을 붙입니다.

	활용규칙	기본형	정중형	예외
1그룹 동사	끝음인 [u]단 음을 [i]단으로 바꾼 후 「ます」를 붙인다	買(か)う 사다	買(か)います 삽니다	帰(かえ)る (집으로) 돌아가다/돌아오다 → 帰(かえ)ります (집으로) 돌아갑니다/돌아옵니다
		待(ま)つ 기다리다	待(ま)ちます 기다립니다	
		死(し)ぬ 죽다	死(し)にます 죽습니다	
		飲(の)む 마시다	飲(の)みます 마십니다	
		遊(あそ)ぶ 놀다	遊(あそ)びます 놉니다	
		行(い)く 가다	行(い)きます 갑니다	
		泳(およ)ぐ 헤엄치다	泳(およ)ぎます 헤엄칩니다	
		話(はな)す 이야기하다	話(はな)します 이야기합니다	
		売(う)る 팔다	売(う)ります 팝니다	
		乗(の)る 타다	乗(の)ります 탑니다	
2그룹 동사	끝음인 「る」를 떼고 「ます」를 붙인다	見(み)る 보다	見(み)ます 봅니다	
		起(お)きる 일어나다	起(お)きます 일어납니다	
		食(た)べる 먹다	食(た)べます 먹습니다	
		寝(ね)る 자다	寝(ね)ます 잡니다	
3그룹 동사	규칙 없음	来(く)る 오다	来(き)ます 옵니다	
		する 하다	します 합니다	

03

~を   ~을/를

▷ 私は 時々 お酒を 飲みます。 나는 가끔 술을 마십니다.

▷ A 毎日 朝ご飯を 食べますか。 매일 아침밥을 먹습니까?

   B いいえ、ぜんぜん 食べません。 아니요, 전혀 먹지 않습니다.

▷ 時々 一人で ご飯を 食べます。 가끔 혼자서 밥을 먹습니다.

04

と   ~와/과/하고/랑

▷ 来週 キムさんと テニスを します。 다음 주 김 씨와 테니스를 칩니다.

▷ だいたい 友だちと 映画を 見ます。 대부분 친구와 영화를 봅니다.

◆ 빈 칸을 채워 보세요

기본형	정중형	기본형	정중형	기본형	정중형
예 食べる	食べます	待つ		行く	
来る		遊ぶ		寝る	
買う		取る		死ぬ	
読む		する		話す	
書く		泳ぐ		帰る	
飲む		見る		わかる	
走る		知る		起きる	
食べる		乗る		切る	
休む		聞く		歌う	
会う		売る		入る	

時々　お酒を　飲みます

2-19

田中　ユリさんは　お酒を　飲みますか。

パク　はい、時々　飲みます。

田中　何を　よく　飲みますか。

パク　私は　だいたい　ビールを　飲みます。

田中　ユリさんは　ビールが　好きですね。ワインも　飲みますか。

パク　いいえ、ワインは　飲みませんね。

　　　あまり　好きじゃありません。

田中　そうですか。

　　　だいたい　誰と　飲みますか。

パク　私は　いつも　友だちと

　　　いっしょに　飲みます。

해석

유리 씨는 술을 마십니까?

네, 가끔 마셔요.

주로 무엇을 마셔요?

저는 주로 맥주를 마셔요

유리 씨는 맥주를 좋아하는군요. 와인도 마십니까?

아니요. 와인은 안 마셔요. 별로 좋아하지 않아요.

그래요? 주로 누구랑 마십니까?

저는 항상 친구와 함께 마셔요.

01 다음 대화를 듣고 ( ) 안에 이름을 써 주세요.

시나리오

パク	田中さんは 明日 何を しますか。
田中	私は 友だちと いっしょに 映画を 見ます。
パク	星さんは 明日 何を しますか。
星	私は 日本語の 勉強を します。
パク	佐藤さんは 明日 何を しますか。
さとう	私は お酒を 飲みます。

박　　다나카 씨는 내일 무엇을 합니까?
다나카　저는 친구와 함께 영화를 봅니다.
박　　호시 씨는 내일 무엇을 합니까?
호시　저는 일본어 공부를 합니다.
박　　사토 씨는 내일 무엇을 합니까?
사토　저는 술을 마십니다.

02 다나카의 일기를 듣고 맞는 문장에는 O, 틀린 문장에는 X를 하세요.

시나리오

私は 音楽が とても 好きです。それで 毎日 音楽を 聞きます。また 私は 映画も 好きです。それで 時々 友だちと いっしょに 映画を 見ます。映画は だいたい アメリカの 映画を 見ます。私は フランスの映画は 見ません。

저는 음악을 매우 좋아합니다. 그래서 매일 음악을 듣습니다. 또 저는 영화도 좋아합니다. 그래서 가끔 친구와 함께 영화를 봅니다. 영화는 대부분 미국 영화를 봅니다. 저는 프랑스 영화는 보지 않습니다.

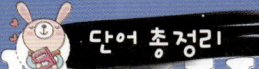

체크 포인트 2-22

- ☐ 時々 때때로, 가끔
- ☐ お酒 술
- ☐ 飲む 마시다
- ☐ 毎日 매일
- ☐ 朝ご飯 아침밥

- ☐ ぜんぜん 전혀
- ☐ 食べる 먹다
- ☐ 一人で 혼자서
- ☐ 来週 다음주
- ☐ テニス 테니스

- ☐ する 하다
- ☐ だいたい 대부분
- ☐ 映画 영화
- ☐ 見る 보다

문형연습 2-23

- ☐ 待つ 기다리다
- ☐ 行く 가다
- ☐ 遊ぶ 놀다
- ☐ 寝る 자다
- ☐ 買う 사다
- ☐ 取る 집다, 잡다
- ☐ 死ぬ 죽다
- ☐ 読む 읽다
- ☐ 話す 이야기하다
- ☐ 書く 쓰다
- ☐ 泳ぐ 헤엄치다

- ☐ 帰る (집으로) 돌아가다
- ☐ わかる 알다
- ☐ 走る 달리다
- ☐ 知る 알다
- ☐ 起きる 일어나다
- ☐ 乗る 타다
- ☐ 切る 자르다
- ☐ 休む 쉬다
- ☐ 聞く 듣다
- ☐ 歌う 노래하다
- ☐ 会う 만나다

- ☐ 売る 팔다
- ☐ 入る 들어가다/들어오다
- ☐ よく 자주
- ☐ 雑誌 잡지
- ☐ 手紙 편지
- ☐ 音楽 음악
- ☐ コーヒー 커피
- ☐ 兄 형, 오빠
- ☐ 勉強する 공부하다
- ☐ 運動 운동
- ☐ 妹 여동생

회화 본문 2-24

- ☐ お酒 술
- ☐ 飲む 마시다
- ☐ 時々 때때로, 가끔
- ☐ 何を 무엇을

- ☐ だいたい 대개, 대체로
- ☐ ビール 맥주
- ☐ ワイン 와인
- ☐ あまり 별로, 그다지

- ☐ 誰と 누구랑
- ☐ いっしょに 함께

듣기 연습 2-25

- ☐ それで 그래서
- ☐ また 또

- ☐ アメリカ 미국
- ☐ フランス 프랑스

01

~で
~에서/~(으)로/~(해)서/에

① 동작이 이루어지는 장소를 나타낼 때 사용합니다.

▷ 私は　図書館で　勉強を　します。 저는 도서관에서 공부를 합니다

▷ A 明日　どこで　映画を　見ますか。 내일 어디에서 영화를 봅니까?

　　B 渋谷で　映画を　見ます。 시부야에서 영화를 봅니다.

② 수단이나 방법을 나타낼 때 사용합니다.

▷ 何で　行きますか。 무엇으로 갑니까?

▷ いつも　車で　帰ります。 언제나 차로 (집에) 돌아갑니다.

▷ インターネットで　勉強します。 인터넷으로 공부합니다.

02

| ~に | ~에/(으)로 |

① 행선지를 나타낼 때는 장소를 나타내는 단어에 조사 「に」 또는 「へ」를 붙이면 된답니다.

▷ これから どこに/へ 行（い）きますか。 이제부터 어디로 갑니까?

▷ 何時（なんじ）に 家（いえ）に 帰（かえ）りますか。 몇 시에 집에 돌아갑니까?

▷ 土曜日（どようび）も ここへ 来（き）ますか。 토요일에도 여기에 옵니까?

② 시각, 요일, 날짜 등 시간을 나타내는 말에 붙어 우리말의 '~에'로 해석됩니다.

▷ 授業（じゅぎょう）は 何時（なんじ）に 始（はじ）まりますか。 수업은 몇 시에 시작됩니까?

▷ 毎朝（まいあさ）、 6時（じ）に 起（お）きます。 매일, 6시에 일어납니다.

▷ 8時（じ）に 会社（かいしゃ）に 行（い）きます。 8시에 회사에 갑니다

毎日（まいにち） 6時（ろくじ）に 起（お）きます

パク 田中（たなか）さんは 毎日（まいにち） 何時（なんじ）に 起（お）きますか。

田中 私（わたし）は 毎日（まいにち） 6時（ろくじ）に 起（お）きます。

パク それから、 何（なに）を しますか。

田中 シャワーを 浴（あ）びます。

パク 朝（あさ）ご飯（はん）を 食（た）べますか。

田中 はい、 いつも 一人（ひとり）で 朝（あさ）ご飯（はん）を 食（た）べます。

それから、学校（がっこう）へ 行（い）きます。

パク 家（いえ）から 学校（がっこう）まで 何（なに）で 行（い）きますか。

田中 電車（でんしゃ）で 行（い）きます。

해석

다나카 씨는 매일 몇 시에 일어나요?

저는 매일 6시에 일어나요.

그리고 나서 무엇을 하나요?

샤워를 해요.

아침밥을 먹나요?

네, 항상 혼자서 아침밥을 먹어요

그리고 나서 학교에 가죠.

집에서부터 학교까지 무엇을 타고 가나요?

항상 전철로 가요.

듣기연습

01 다음 다나카의 일주일간의 일과를 듣고 ( ) 안에 요일을 써 보세요.

시나리오

月曜日は 恋人に 会います。	월요일은 애인을 만납니다.
火曜日は お酒を 飲みます。	화요일은 술을 마십니다.
水曜日は 図書館に 行きます。	수요일은 도서관에 갑니다.
木曜日は 映画を 見ます。	목요일은 영화를 봅니다.
金曜日は 掃除を します。	금요일은 청소를 합니다.

02 호시의 일과를 듣고 맞는 문장에는 O, 틀린 문장에는 X 하세요.

시나리오

私は 毎日 7時に 起きます。	저는 매일 7시에 일어납니다.
朝ご飯は 食べません。	아침밥은 먹지 않습니다.
それから バスで 学校に 行きます。	그리고 버스로 학교에 갑니다.
学校では 9時から 5時まで 勉強を します。	학교에서는 9시부터 5시까지 공부를 합니다.
時々 家で テレビを 見ます。	가끔 집에서 텔레비전을 봅니다.
私は ドラマは 見ません。	저는 드라마는 보지 않습니다.
だいたい ニュースを 見ます。	대부분 뉴스를 봅니다.

체크 포인트 2-30

- ☐ 図書館 도서관
- ☐ 勉強 공부
- ☐ 渋谷 시부야(지명)
- ☐ 帰る (집으로)돌아가다/ 돌아오다

- ☐ インターネット 인터넷
- ☐ 土曜日 토요일
- ☐ 授業 수업
- ☐ 始まる 시작되다

- ☐ 毎朝 매일 아침
- ☐ 起きる 일어나다
- ☐ 会社 회사

문형연습 2-31

- ☐ 休む 쉬다
- ☐ 公園 공원
- ☐ カラオケ 노래방
- ☐ 歌 노래
- ☐ 歌う 노래하다

- ☐ 映画館 영화관
- ☐ ミョンドン 명동
- ☐ 買い物 쇼핑
- ☐ 食事 식사
- ☐ 終わる 끝나다

- ☐ 日本語学校 일본어 학원
- ☐ いつも 언제나, 항상
- ☐ 地下鉄 지하철

회화 본문 2-32

- ☐ 毎日 매일
- ☐ 起きる 일어나다
- ☐ シャワー 샤워
- ☐ 浴びる 샤워하다

- ☐ 朝ご飯 아침밥
- ☐ 一人で 혼자서
- ☐ ～へ ～에
- ☐ 家 집

- ☐ 何で 무엇으로, 무엇을 타고
- ☐ 電車 전철

듣기 연습 2-33

- ☐ 掃除 청소
- ☐ バス 버스

- ☐ テレビ 텔레비전
- ☐ ドラマ 드라마

- ☐ ニュース 뉴스

○○ **체크 포인트**

01

~ました ~(ㅆ)습니다
~ませんでした ~하지 않았습니다

● 동사의 과거는「ます」를「ました」로, 과거 부정표현은「ます」를「ませんでした」로 바꾼답니다.

▷ 昨日、テレビを 見ました。 어제 텔레비전을 봤습니다.

▷ A 今朝、新聞を 読みましたか。 오늘 아침, 신문을 읽었습니까?

B いいえ、読みませんでした。 아니요, 읽지 않았습니다.

02

~ませんか/~ましょうか/~ましょう ~지 않겠습니까/~할까요/~합시다

● 상대방에게 무언가를 권할 때 사용하는 표현이랍니다.

▷ A 明日、映画を 見ませんか。 내일 영화를 보지 않겠습니까?

B すみません。明日は ちょっと…。 죄송합니다. 내일은 좀…….

▷ A 今晩 一杯 飲みましょうか。 오늘 밤, 한잔하지 않겠습니까?

B ええ、飲みましょう。 네, 마십시다.

03

[동사의 **ます**형] **＋に 行く(来る/帰る)**　　~(하)려 가다(오다/돌아가다)

◯ 우리말의 '~하러'에 해당하며 동사의 목적을 나타냅니다.

▷　渋谷へ 飲みに 行きましょう。시부야에 (술)마시러 갑시다

▷　これから 食堂へ ごはんを 食べに 行きます。

　　이제부터 식당에 밥을 먹으러 갑니다.

▷　どこか 遊びに 行きませんか。어딘가 놀러가지 않겠습니까?

いっしょに 映画を 見に 行きませんか

2-35

田中　週末は 何を しましたか。

パク　友だちに 会いました。

田中　今度の 週末は 何を しますか。

パク　家で 休みます。

田中　そうですか。今度の 週末 いっしょに 映画を
　　　見に 行きませんか。

パク　いいですね。 行きましょう。

田中　何を 見ましょうか。

パク　日本の 映画は
　　　どうですか。

田中　はい、いいですよ。

해석

주말에는 무엇을 했어요?

친구를 만났어요.

이번주 주말에는 무엇을 하나요?

집에서 쉴 거예요.

그래요? 이번주 주말에 같이 영화보러 안 갈래요?

좋아요. 가요.

무엇을 볼까요?

일본 영화는 어때요?

네, 좋아요

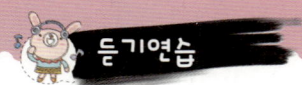

듣기연습

01 다음 문장을 듣고 _____친 부분을 일본어로 써 보세요.

① 田中さん、明日　いっしょに　ご飯を　食べに　行きませんか。

② 佐藤さん、明日　いっしょに　買い物に　行きませんか。

③ 星さん、明日　いっしょに　本を　買いに　行きませんか。

④ 中村さん、明日　いっしょに　散歩に　行きませんか。

① 다나카 씨, 내일 같이 밥 먹으러 가지 않겠습니까?

② 사토 씨, 내일 같이 쇼핑하러 가지 않겠습니까?

③ 호시 씨, 내일 같이 책을 사러 가지 않겠습니까?

④ 나카무라 씨, 내일 같이 산책하러 가지 않겠습니까?

02 사토의 이야기를 듣고 맞는 문장에는 O, 틀린 문장에는 X를 하세요.

昨日　私は　デパートに　行きました。デパートは　バーゲンセールでした。デパートで　シャツと　靴を　買いました。家から　デパートまで　車で　行きました。それから　友だちに　会いました。友だちと　いっしょに　コーヒーを　飲みました。友だちは　コーヒーと　いっしょに　ケーキも　食べましたが、私は　食べませんでした。１１時に　地下鉄で　家に　帰りました。

저는 어제 백화점에 갔습니다. 백화점은 바겐세일이었습니다. 백화점에서 셔츠와 신발을 샀습니다. 집에서 백화점까지 차로 갔습니다. 그리고 나서 친구를 만났습니다. 친구와 함께 커피를 마셨습니다. 친구는 커피와 함께 케이크도 먹었지만, 저는 먹지 않았습니다. 11시에 지하철로 집에 돌아왔습니다.